啓発録

橋本左内

致知出版社

「いつか読んでみたかった日本の名著シリーズ」刊行にあたって

世に名著と呼ばれる本があります。その名前を聞けば誰もが知っていて、内容も何となく聞きかじっている。しかし、「いつか読んでみよう」と思いつつも読むチャンスがない。あるいは、読み始めてみたものの想像以上に難しくて途中で投げ出してしまった……。そんな経験のある人は少なくないかもしれません。

本シリーズは、そうした〝読みたかったけれど読んだことのない〟日本の名著を気軽にお読みいただくために企画されました。いわゆる〝超訳〟ではなく、原文を忠実に訳しながらも可能な限りわかりやすい現代語に置き換えているため、大人はもちろん、中高生でも十分に読破《どくは》できます。また、それぞれの本には読了《どくりょう》のために必要な目安時間も示しています。

ぜひ本シリーズで、一度は読んでみたかった日本の名著の醍醐味《だいごみ》を存分にご堪能《たんのう》ください。

一、『啓発録』の原文は、『大日本思想全集』第十八巻〈昭和八年。大日本思想全集刊行会発行〉に準拠し、字体は旧字体を新字体に改めた。現代語訳も同書を底本としている。

一、「学制に関する意見文書」「為政大要」「松平春嶽撰『橋本左内小伝』」は、『橋本左内全集』〈明治四十一年。景岳會発行〉を底本とした。

啓発録＊目次

第一章 『啓発録』現代語訳……9

第二章 『啓発録』原文

第三章

装幀——轡田昭彦
坪井朋子
本文デザイン——奈良有望
シリーズ企画——アップルシード・エージェンシー
http://appleseed.co.jp

第一章

『啓発録』現代語訳

『啓発録《けいはつろく》』とは……

橋本左内《さない》は幕末の一八三四年に生まれ、二十五歳にして「安政《あんせい》の大獄《たいごく》」により、幕府に処刑されます。

まるで花火のような激しくもはかない人生。しかし彼が影響を与えた人物には、数年ばかり年上で、ほぼ同時期に処刑された吉田松陰のほか、西郷隆盛など幕末の英雄たちがずらりと並びます。

その左内の代表作が『啓発録』。十五歳のときに自らの大志を忘れぬように残し、それを若い武士たちに向けて発信した書物です。たった数十ページの短い書物ですが、読んでいただければ誰でも、現代人が忘れてしまっている大切なものが、ここにあることに気づくでしょう。

一、稚心を去る――去稚心

一、気を振るう――振気

一、志を立つ――立志

一、学に勉む――勉学

一、朋友を択ぶ――択交友

啓発録叙

……友人であった儒学者が『啓発録』の発刊に当たって、左内に依頼されて寄稿《きこう》した紹介文

●橋本左内……その弱々しい外見の根本にあったもの

十年あまり前のこと、私は橋本左内とともに、吉田東篁《とうこう》先生に従って学問に励みました。

先生の門下には雄弁で快闊《かいかつ》な優れた武士が多く、よく手を叩き合いながら、世の中のことを議論し合ったものです。

議論しながら、中には感情を憤《いきどお》らせ、激昂《げきこう》し、袂《たもと》を投げ捨てて、舞を舞う

かのように暴れるそぶりを見せる者もいました。

それは学問として学んでいることが、いまの世の中においてなすべきことに適《かな》っていないことを、激しく憤慨《ふんがい》したからに他なりません。


橋本左内は、そのころまだ十五歳か、十六歳という青年でした。

その容姿は骨張っていて、一人の痩《や》せた書生といった印象です。

彼はいつも首をうつむけてじっと坐っており、どんなに他の生徒たちが激しく議論し合っていても、一言も意見を発せず、その含むところの考えを懐にしまい、思想をずっと表には出しませんでした。

その後、左内は京や大阪へ遊学し、数年にわたって学識を磨きます。

彼が故あって福井に帰ったとき、私は彼のもとを訪ね、何を学んできたのか聞きました。

彼が身につけたものは精密にして、驚くほど広く深く、文においても言葉においても筋道は明確で、しかも必ず論拠は、優れた智者の言葉に裏づけられていました。

私は彼の進歩にただ驚き、自らがまったく成長していないことを深く反省したのです。

東篁先生の同門で、同じ時代に語らった者たちを見ても、だいたいは私と同じようなもの。

成功した者もいれば、没落していった者もいますが、どちらにしろ以前のような意気はもはや見られず、雲や煙のように消え去りつつある現状なのです。昔の面影《おもかげ》など、まったく見られません。

私はそのとき、外見や素行から感じられる意気などはまったくアテにならず、左内の地味で穏やかな姿の根本には、はるかに大きな意気が備わっていたのだなと、はじめて悟ったのです。

●誰が読んでも心が奮い立つ、左内の言葉

福井で三年を過ごした後、左内は再び、江戸へ遊学に行きました。

私との間は疎遠になり、人づてにますます学識を高めていることを聞くくらいになります。

その後、私も江戸へ遊学することになり、左内のところへもはじめて訪ねることができました。

左内は相変わらずで、窓の下で熱心に勉強に励んでおり、私の姿を見るや、喜んで江戸で学んだことを語ってくれます。

その学識はさらに進化を遂げたものとなっていて、実用を主としたものに

感じられました。世の中を救うためのさまざまな才知《さいち》に長《た》け、その志すところは、諸事業を実際に起こすことを想定しているのです。

江戸の名士たちは、彼のこの発想を褒め讃《たた》えていました。

このように左内は、見るたびに変革を遂げていたのです。

彼の学識は変革を遂げるたびにますます世の役に立つものに研《と》ぎすまされていったのですが、どうして彼はそんな発想を思いつくのか、私には依然、理解できませんでした。

それから私は北陸へ戻ることになり、左内は江戸に留まります。

それから一年が経ち、左内は学者となりました。

彼の成長は、まさに海水が春になって進潮《しんちょう》していくようなもの。その勢いが到達する先が、私にはまるで想像ができません。

そしていま、彼は学監に抜擢《ばってき》され、藩校《はんこう》である「明道館《めいどうかん》」の監督をすることになったのです。

佐内が少年のときに著《あらわ》したのが、この『啓発録』です。

彼はそれを私に見せ、叙《じょ》を書いてくれと頼みました。

受け取ってこれを読むと、その一語一句が、まさに忠孝節義《ちゅうこうせつぎ》の精神に満ちています。読むごとに感激し、励まされ、精神が奮い立つのを感じます。

読めば読むほど、彼が問いかける言葉からは気迫が溢《あふ》れ、どんな人間が読んでも心を燃え立たせてくれることは間違いないでしょう。

●友人・左内が私に教えてくれたこと

『啓発録』の末尾にある年代を見ると、この冊子が書かれたのは、指折り数えていまから十余年前になります。

そのころはまさに私たちが同門にあり、激論を交《か》わしていた時期。学問の本質は忠孝の精神にあるのだと思いますが、左内はその十余年前のスタート時から、すでに基本を確立していたのです。なるほど、その学問が驚くほどの進歩を遂げていったのも、当然だったのだなあと納得しました。

私がずっと左内に感じていた奇怪《きかい》さのようなものは、このとき一気に氷解《ひょうかい》したのです。

考えてみればあのとき、私たちは一時の激しい感情に身をゆだね、言葉を荒らげて激論を交わしていました。

左内はそんなときでも心の内に激しい思いを蓄え、何年もの歳月にわたって言葉を蓄積し、しかる後になって一気に学問の場において、その思いを爆発させたのでしょう。

現在、左内は藩が任命した学監として、諸事業を運営する立場にあります。いわば彼は、ずっと黙っていたにもかかわらず、私たちが問題視していた学問とその実際的活用を、見事に一致させるところに立ったのです。ただ激論を交わし、文句をいっていた者と比べ、どちらが優れていて、どちらが劣っていたでしょうか？　いうまでもありません。いま『啓発録』を読み、恥ずかしさで顔を真っ赤にしながら、その心を正直に序文として書き記しました。

安政丁巳《ひのとみ》閏《うるう》五十二　　矢島皞《あきら》　撰

※矢島皞は、橋本左内と同時代の福井藩の儒学者。文中では左内の作家名であった「景岳」で呼んでいる。

1 去稚心《きょちしん》——稚心を去る

「幼き心」など、今ここで捨て去ってしまおう

●いつまでも「幼きままの心」でいてはいけない

「稚心《ちしん》」とは、幼きままの心だ。

俗にいう、「子どもっぽい」ということだ。

これは、人に対してのみ使う言葉ではない。

野菜や果物でも、まだ熟していないようなものを「稚」という。つまり「稚」とは、いまだ成熟せず、水くさいところがあって、旨味が出ていないような

状態のことをいうのである。

人でも野菜でも、何であっても、「稚」である状態を卒業しなければ、何かを成し遂げることはできない。

たとえば、竹馬や凧《たこ》や鞠《まり》のような子どもの遊びをいまだに好み、石を投げ、虫採りを楽しむようなことにいそしんでいるようなことがないか？

あるいはお菓子などの甘い食べ物をむさぼり、怠《なま》けて安穏《あんのん》にしてはいないか？

両親の目を盗み、仕事や勉強を軽《かろ》んじてはいないか？

また、両親にいつまでも依存していたり、厳しい父や兄を恐れて、優しい母親の膝元にばかり近づいて隠れようとしたり……。

こうしたことはすべて、子どものような青くさい心から生じている。

成長途上の幼い子どもであれば、それも仕方がない。

しかし十三歳や十四歳になり、大成するための学問の道を志しているのに、そんな心がわずかでも残っていたならどうなるだろう？

何ごとにおいても上達することはできず、いつか天下の大豪傑となることなど、まったく不可能ではないか？

●若くても奮起した、かつての武士道を思い出す

源平の合戦《かっせん》のころ、あるいは戦国時代の十六世紀のころ、武士たちは十二歳や十三歳という年齢で両親と訣別《けつべつ》した。

そして父親から許可をもらい、初陣《ういじん》に出て、多くの者が手柄や功名を、自

らの手で勝ち取っていった。

彼らはみな、「子どもの心」など持ってはいなかっただろう。

もし幼いままの心が少しでも残っていれば、彼らは親の庇護《ひご》から離れるのさえ難しかったはずだ。

ましてや手柄を立て、功名を得ることなど不可能だったに違いない。

「稚心」に害があるのは、それを除かない限り、士気がまったく奮わないからだ。

いつまでも腰抜けから脱却できず、一人前の人間にはなれない。

だからこそ私は思う。

「幼き心を捨て去ること」こそが、武士の道に入る第一歩なのだ。

2　振気――気を振るう

「負けたくない！」と、心を奮い立たせる

●臆病者になっていては、何も変化は起こらない

「気」というのは、「人に負けたくない」という気持ちの表れだ。

もっといえば、「負けたままでいること」を己の恥とし、無念と思うところから生じる、意地を張る気持ちだ。

その「気」を、振るわそう！

「振るわす」というのは、「自分がやらなければ」と心を奮い立たせることである。

そして、その奮い立った心が鈍らぬよう、油断せぬよう、気持ちをピンと張り続けていることだ。

「気」は、命のあるものであれば、みな、持っているものだ。

鳥や獣も「気」を持っている。だから、はなはだしく気が立っているときは、自分よりずっと体が大きい人間を襲ったり、苦しめたりすることもある。

鳥や獣でさえそうなのだから、人であればなおさら、「気」によって大きな力を発揮することになるだろう。

人の中でも、武士というのは、いちばん「気」を強く持っている存在だ。

世間ではこれを「士気」と呼んでいる。

どれほど歳が若い者であったとしても、二本の刀を腰に提《さ》げた者であるなら、誰も無礼をはたらいたりはしない。それは皆、「士気」を恐れるからだ。決して当人の武芸や力量、あるいは地位や肩書を恐れるからではない。

しかしながら、この日本では太平の世が長く続き、武士の気風はずいぶんと脆弱《ぜいじゃく》なものに陥ってしまった。

武門の家に生まれながら武士道をないがしろにし、皆、ただ地位のみを望む。欲望に溺《おぼ》れ、利益をむさぼり、強い者ばかりになびくような武士が、多くなってしまったのだ。

右隣にライバルの武士がいれば、決して「負けてはならぬ」と思う。

負けることを恥とする。

そんな雄々しい古き武士の精神は砕《くだ》け去り、今はすっかりなまってしまっている。

これでは腰に二本の刀をぶら下げていても、呉服の包みを背負った商人や、樽《たる》を担《かつ》いだ労働者より、ずっと精神的に劣っているのではないか。

雷が鳴ったら怯《おび》え、犬に吠えられたら後ずさりするような、そんな武士が今は増えてしまっているのだ。

本当にまったく、なんと嘆《なげ》かわしいことだとは思わないか？

●その肩書に依存し、やるべきことを怠ってはいないか？

そんな今の世でも、いまだ武士は尊ばれ、町人や農民たちは「お侍《さむらい》さま」

とあがめたててくれる。

しかしそれは、武士の武士たるところを尊んで、そういってくれているのだろうか？

いや、そうではないだろう！

おそらく主君の御威光《ごいこう》に畏服《いふく》し、根拠もなく、その地位を敬っているだけだ。

その証拠に、昔の武士は、ふだん鋤《すき》や鍬《くわ》を持ち、土を耕して生活していた。

しかし、それを恥とはまったく思わず、人の下にへつらうようなことはせず、逞《たく》ましい心を持っていたのである。


何か事があり、天皇や将軍家から緊急の招集がかかれば、かつての武士はすぐ鋤を鍬を捨て、甲冑《かっちゅう》や武器を身につけた。

そして千人や百人を率《ひき》いるリーダーとなり、虎のように、狼のように勇猛な軍を、指先を動かすように自由に指揮したのだ。

かつての武士たちは、その命のあらん限り、斬《き》って斬って斬りまくり、成功すれば歴史上に不朽の名を残した。

彼らは武運《ぶうん》つたなく、一戦に散ったとしても、戦場に屍《しかばね》をさらすことを、少しも恐れなかった。

それだけの勇猛な心があったからこそ、大勢の庶民はその気高《けだか》い心に打たれ、義勇の精神を尊敬したのではないのか？

現代の武士に、勇猛な精神はない。

義の心は薄くなり、知略を尽くすような慎重さも足らず、とても兵馬《へいば》の大軍の中に斬り込み、縦横無尽《じゅうおうむじん》に駆け回るようなことは不可能だ。

ましてや陣の中にあって、自軍を勝利に導くような作戦を練ることなど、望むべくもないだろう。

それならば、もし腰の二本の刀を奪ってしまえば、今の太平の世の武士は、町人や農民たちとまったく変わりがないのではないか?

いや、農民たちは常日頃から骨を折って田畑を耕し、町人たちは毎日のように神経をすり減らして、厳しい競争の世界を渡りぬいているのだ。

もし今、天下に大乱が起こったとしたら、その手柄や功名は、すべて町人や農民たちが持っていくのではないだろうか?

おそらく武士の身分からは、かつての福島正則《まさのり》や片桐且元《かつもと》、あるいは井伊直政《なおまさ》や本多忠勝《ただかつ》のような剛健の者は現れないだろう。

これも本当に、嘆かわしいことだと私は思う。

●「祖先から受けている恩」の重みを知ろう

いまの世はあまりにも覚悟のない者に、高い禄《ろく》や重い地位を与え続けている。

そうでありながら、この日本は平和で安楽な世の中が続いてきた。つくづく私たちは、過去のリーダーたちに感謝しなければならないだろう。

けれども、そんな大きな恩を受けながら、覚悟のない武士ばかりなのである。まさかのときに主君に恥をかかせるのでは、かえすがえすも恐れ入ったことだとは思わないだろうか？

本来であれば、床に入っても眠ることができず、食べ物を食べても喉《のど》を通らない事態であるはずだ。

私たちの祖先はことさら国家に対して奉仕し、職責においても非常に大きな功績を成し遂げてきた。

しかし後代《こうだい》においては特別な手柄もなく、それなのに皆、恩禄にどっぷり浸《つ》かっている。

私たちは義に応えるためにももっと学問を熱心に学び、常に頭の片隅に忠義を置いて行動し、生涯において粉骨砕身《ふんこつさいしん》することで、露《つゆ》ほどでも御恩に報いていかねばならないのではないか？

忠義の心を常に忘れず、再び臆病者へと後戻りしないようにするためには、武士としての意気込みを常に奮い立たせ、「決して他人に劣る自分に満足はしないぞ」と口に出し続けることが肝要《かんよう》だ。

もしも武士としての気構えが奮い立たず、志も立たないのであれば、氷が解け、酔いが覚めるように、私たちは覚悟のない状態に戻ってしまうだろう。

だから一度、武士としての気が奮い立ったならば、一体これから何を成し遂げるかという志を持つことが大切だと考える。

3 立志——志を立つ

大志を掲げることで、人は自然に成長していく

●「志」を立てないと、魂のない虫の生き方になる

「志」とは、心が向かうところであり、私たちの心が「そうしたい」と願うところを指す言葉だ。

武士として生まれた以上、忠孝《ちゅうこう》の精神を持っていない人間はいないだろう。忠孝の精神があれば、武士にとって主君は大事な存在であり、また家名を授けてくれた両親も大切な存在だと理解しているはずだ。

そのことに合点《がてん》がいったなら、当然のように己の将来を重く考え、こんなふうに思い立つべきだろう。

「我こそは、武芸の腕を鍛え抜き、学問を究《きわ》め、過去の聖賢君子や英雄豪傑のようになって我が君主のために働き、天下国家の役に立って武家の名をも高めよう。

酔ったように生き、夢のように死ぬ者にだけはならないぞ!」

武士の志とは、これほどまでに強くあらねばならないと思う。

志を立てるときは、ふと思い立った気持ちであっても、その思いがどこに向かっているのか、しっかりと定めなければならない。

そして先の言葉のように、考えに考えて己の指針をハッキリと表明し、常々その情熱を失わないよう、努力していかなければならない。

では、そんな志を、私たちはどのように立てたらいいのか？

まず書物に影響を受け、そこから閃《ひらめ》くということがある。

それから師の講義や友の意見を聞き、自分も啓発されることがある。

あるいは、自ら思い煩《わずら》い、苦慮《くりょ》して結論に至ることもあるだろう。

さらには激しい憤りを感じたり、感情を突き動かされて、その結果、志を持つことだってあるはずだ。

いずれにしろ、平常をのほほんと過ごし、心がたるんでいる状態では、志など立てられるものではない。

志のない者は、魂のない虫と同じようなものだ。それではいつまでたっても、気高い人間に成長していくことはできない。

しかし一度、志を立ててしまえば、それから私たちは日夜ずっと、成長し続けることができるのだ。それは発芽《はつが》したばかりの草に、豊かな土壌《どじょう》を与えるようなものだろう。


古《いにしえ》の時代に「豪傑の士」と呼ばれた者でも、目が四つ、口が二つの化け物だったわけではない。

彼らは皆、大きな志を持っていたから、逞《たくま》しく成長していくことができた。大きな志を持っていたから、天下に大きな名を揚げることができた。

世の中の多くの人は、大した成果もなく、その一生を終わってしまう。それはすべて、太く逞しい志を持っていないからなのだ。

●旅立つ前に、まずどの道を行くか決断しよう

志を立てた人間は、江戸へ旅立とうと決心した人間に似ている。

旅立つ者は、朝に福井の城下を踏み出したならば、その晩は越前《えちぜん》の今庄《いまじょう》。明日の夜は木ノ本の宿場《しゅくば》というように、先々の予定を決めて道を進んでいかねばならない。

そうであれば、聖賢豪傑の地位を得るのは、ゴールの江戸に到着することに値《あたい》する。

今日、あなたが「聖賢豪傑になるぞ」と志を持ったとしよう。どんなに才能がなく、学識のない者であっても、明日、明後日と日が経つにつれて、だんだんと「聖賢豪傑に似合わない要素」を取り去っていけば、ついには目標に達してしまうのが道理である。

これはどんなに足腰の弱い者であっても、一度「江戸に行こう」と決めて計画を立てれば、最終的にはゆっくりでもゴールにたどりつくのと同じことなのだ。

志を立てたからには、ゴール地点にたどりつくコースをいくつも設定することは、絶対に避けておきたい。

「この道を行くんだ」と一本だけの道を決められないのは、戸締まりをしていない大きな家の警護をしているようなものだ。

あちこちから盗人《ぬすっと》や犬が忍び込み、一人で警護をすることなど不可能だろう。

家の警護であれば、大勢の人を雇《やと》って、それを行うこともできるかもしれない。しかし心の番人として、誰かを雇うことはできないのだ。

それならば自分の心を一本の道に集中し、その道だけをしっかり守るべきとは思わないだろうか？

まだ若いうちだと、私たちは人々のやることなすことに目が散り、心が迷ってしまう。

誰かが詩をつくれば「詩はいいなあ」と思い、誰かが文を書けば「自分も文を書かなきゃ」と思う。

武芸にしても、仲間が槍《やり》に精を出していれば、今日まで習っていた太刀《たち》の修行を中断し、「やっぱり槍だな」とそちらに気を移してしまう。

こういう迷いこそ、志を実現できない、第一の病根なのだ。

知識の扉がわずかでも開いたならば、真剣に自分の心を推《お》し量《はか》り、「まず何をやるべきか」を一つに絞ろう。

そして正しい師匠につき、友人に相談し、自分の力が及ばないところを補っていこう。

一つの道を究めることに全力を尽くすのだ！

人は、たくさんのことをやろうとすると、一つのことも究められずに終わってしまうことが多い。

すべて心の迷いは、自分の心の向かう先がいくつもに分かれ、定まっていないことから生じている。

そんなふうに心が乱れているのは、自分の志がまだ定まっていない証拠ではないだろうか？

心が一つに定まらず、また心が一つに収まらないのでは、聖賢豪傑になどなれるはずがないではないか!

●古典を読み、歴史を学び、心を大いに感動させよう

志を立てる近道は、やはり古典や歴史を学び、心を大いに感動させることだ。感動したら、その内容を書き出し、壁に貼り出しておこう。あるいは、いつも使っている扇子《せんす》の裏にでもしたためておこう。

毎日、朝、暮れ、夜と、その言葉に目を留め、声に出して読もう。

そして我が身を省察《せいさつ》し、及ばない点を学ぶのだ。

何より、志に向かって前進する自分を楽しむことが肝要だ!

志がすでに立っているならば、それに向かって勉強に励まなければ、その

志は、太く逞しく育ってはいかない。
行動しなければ聡明《そうめい》さは失われ、道徳は初心のころに戻ってしまうのだ。

4 勉学――学に勉む

実践をともなった「本物の勉強」をする

●読んだり書いたりすることは、「道具を揃えること」にすぎない

「学」とは「習う」ということで、総《そう》じて善《よ》き人や優れた人の行いや、立派な功績を研究し、その道を自分も追随《ついずい》していくことだ。

ゆえに、優れた人物の忠義孝行を学んだならば、すぐにその行動の背景となった思想や精神を慕《した》い、それを真似て自分も行動していかねばならない。

その人物に負けず劣らずの忠義孝行ができるよう、真剣にその優れた行動を模倣《もほう》してみよう！　……じつはこれこそが「学」の第一義だ。

最近では、読み書きの間違いを正し、詩文を書いたり読書したりすることが「学問」と認識されているようだが、それはちゃんちゃらおかしなことだ。詩文や読書というのは、学問においては「道具」に当たるものなのだろう。あるいは刀の鞘《さや》や、二階に上る梯子《はしご》のようなものだ。

だから詩文や読書を学問のすべてと思っている人間は、柄《つか》や鞘を刀と心得たり、梯子を二階だと考えていることになる。

そのような人間がいれば、まったく浅はかな思考の持ち主と思われるだろう。

武士にとっての学問とは、忠孝の精神を学ぶことと、文武の力を磨くことより他にないと私は思う。

主君に忠義を尽くし、親に孝行を尽くすまっすぐな心を持って、文武両方に心血を注いで究めるのだ。

そうすれば平和な時代に召し抱えられた際は、主君の誤りを補い、その徳がますます民衆に降り注ぐよう、家臣として手助けすることができる。

あるいは役人となった場合は、その役どころの業務を首尾《しゅび》よく務め、えこひいきをすることなく、賄賂《わいろ》を受け取ることなく、公平に仕事をするのだ。

そうすれば周囲の人間は皆、あなたの徳を慕い、あなたの威厳を敬うようになる。

平和な世の中において武士がやるべきことは、これでわかっただろう。

だが、不幸にして乱世に生まれてしまったらどうするか。

その際はそれぞれが自分の居場所においてやるべきことを果たし、敵賊《てきぞく》を討《う》ち破り、世の乱れを平定するだけのことだ。

あるいは刀や槍で功名を立てるのもいい。敵を組み伏せて手柄を得るのもいい。陣の中にあって謀略《ぼうりゃく》を画策《かくさく》し、敵を塵にするのもいいだろう。

あるいは兵糧《ひょうろう》や物流を管理する奉行《ぶぎょう》となり、飢《う》えや渇きによって兵力が減《げん》じないように配慮することだって構わない。


いずれにしても必要なのは、日々の修練なのだ。

これらのことは、過去から現在に至るまでの知識を胸に刻み、腹には形勢逆転を可能にする戦略を保存しておかなければ、到底実現できない。

よく読書をして己の才知を明晰《めいせき》にし、なおかつ精神力を鍛えて、自らを強くしていくことが必要なのだ。

●成功への道は、粘り強く学ばないと見えてはこない

年少のうちというのは、どうしても単調な作業を続けることを嫌ってしまう。

本を取り上げ、読み出しては、飽きてしまって放り出す。文章を習っていれば、すぐ飽きてしまって、武芸の稽古《けいこ》を始めたりする。なんでもしばらくすると飽きてしまうのだが、これは甚《はなは》だ宜《よろ》しくないことだ。

勉強というのは、自らの力を常に出し切り、継続して続けていかなければ結果は出ない。

長い時間を積み重ね、何度も何度も試行錯誤を続け、それでやっと成功への道が見えてくる。

まして学問というのは、物事の理《ことわり》を説き、道筋を明らかにするのが本質なのだ。

述べたように飽きっぽく、軽はずみなままでは、人として生きるべき真の道など、まったく理解できないだろう。

残念ながらこの世の中には、愚俗《ぐぞく》な者が多い。

だからどんな学問も、なかなか有用で実益のあるものになっていない。

せっかく学んだとしても、驕慢《きょうまん》な心が起こったり、浮かれ調子になってしまったり。あるいは「名を揚げたい」とか「富を得たい」という欲望にとりつかれてしまったり、自分を才気煥発《さいきかんぱつ》だと勘違いしてしまったり……。

わかっていても、私たちはときどき、こうした心に支配されてしまう。

これを自分自身で抑えることができるなら、もちろん何も問題はない。

しかし、歩んでいる道から逸《そ》れてしまったときに、これを諫《いさ》めてくれる友がいたならば、それ以上に心強いものはないだろう。

ならば自分が付き合うべき、よき友を知ろう！

人付き合いのセンスが、あなたの仁を助け、徳を実行することを補ってくれる。

5 択交友——朋友を択ぶ

馴れ合いにならない、本当の「友」を選ぶ

●「益になる友」と「損になる友」、その違いはどこにあるのか？

「交友」とは、ふだんから付き合っている友人のこと。その中から私たちは、真に大切な友を「選び出す」必要がある。

間違ってほしくないのは、どんな付き合いであっても、友は皆、大切な存在である。だから、あなたの同門の人、同郷の人、同年代の人……誰であっても、あなたと付き合いがあるのならば、皆を大切にしてほしい。

とはいえ、相手が人間である以上、やはり自分にとって損になる友と、益になる友は存在するのだ。

私たちはそれを見抜き、いざというときに信頼できる友を「選ぶ」力を養わねばならない。

損になる友であっても、あなたが勉強して正しい生き方を学んでいけば、知識や行動をもって当人の正しくないありようを矯正《きょうせい》していくことは可能だろう。

逆に益になる友であれば、自分のほうから親しみを求め、よく相談し、兄弟のように付き合っていこう。

何しろこの世の中に、益になる友ほどありがたく、また得難いものはないのだ。

そんな友が一人でもあなたにいるなら、その人を心から大切にしよう！

一緒に飲んで、食べて、大騒ぎしたり。山や川へ遊びに行って、魚を釣ったり……。

そんな馴《な》れ合いは楽しいけれど、そればっかりの付き合いをする仲間というのは、本当の友ではない。

一緒に学びを究め、武芸の腕を磨き合い、武士としての志をともに研究し、お互いが理想とする人生を分かち合うことができるまでになるのが、本当の友だちだ。


飲食をともにしたり、一緒に遊びに行ったりして馴れ合う朋友《ほうゆう》は、平常のときであれば、腕を組み、肩を並べ、お互いに「君は親友だ」「僕もそう思っている」などと言葉を交わしているだろう。

でも、何ごともない平穏な日常だから、そんなふうに互いの徳を補うようなことがなくてもやっていけるのだ。

もし世の中を動かすような、何か大変なことが起こったらどうなるのか？　大変だから助けてくれ……と願っても、遊んでいるだけの友だちは、あなたの危機に駆《か》けつけてはくれない。

だから、できるだけそうした友人は最初から見抜き、自身のふるまいを厳しく自制しながら人と交際し、馴れ合いによって自分の志が壊れないように配慮しなければならないのだ。

それでも悪い友人と関わってしまったなら、どうするか？

何とか工夫を凝《こ》らして、その人を正しい道に導いてあげればいいではないか。

その人に「武道の道」を勧《すす》めよう。

その人に「学問の道」を勧めよう。

そうやって、「損になる友」を「益になる友」に変えていくのだ。

●本当の友人は、ときにあなたの気にさわる人物となる

友を選ぶ道というのは、案外と難しい。

というのも、ときに益になる友というのは、とかく気にさわり、おもしろくない人間にも見えてしまうのだ。

逆に損になる友のほうが、気楽に見えたりする。このことを、あなたはよ

く知っておくべきだろう。

どうして益になる友が気にさわるかといえば、相手は「自分が不足しているもの」を持っている存在だからだ。

だからこそ、ときに対立するのだが、逆にいえば「あなたに欠けているものを補ってくれる存在」になる。

「争い合える友がいれば、目標を見失った人間でも、名声を失うことはない」

そういったのは、孔子。『孝経《こうきょう》』にある言葉だ。

つまり、意見の違いから、ときどき争うくらいの友のほうが、本当は「益になる友」なのだ。

自分に間違いがあれば、遠慮なく「間違っている」と知らせ、規律をもって正しい道を示してくれる。

そんな友のほうが、あなたが気づかなかった欠点は修正され、人生を補ってくれる存在になるとは思わないだろうか？

益になる友のうるさい意見を、あなたは嫌うかもしれない。
けれども、それでは古《いにしえ》の天子や諸侯《しょこう》が、忠義をもって諫めようとする家臣の言葉を疎《うと》んじ、ついには処罰してしまったのと同じことだ。最後には自ら災厄《さいやく》を招《まね》き、滅亡していってしまう。

では、益になる友を、どのように見分けたらいいのか？
その人が正直で剛直《ごうちょく》であること。
誠実で、温かい心の持ち主であること。
豪壮《ごうそう》で、英知を持った人物であること。

行動が早く、決断力を持っていること。
小さなことにこだわらず、寛大な心を持っていること。
この五つではないかと、私は思う。

これらの素養をすべて持っていたとすると、相手はどうしても「気楽に付き合える人」ではなくなってしまうのだ。

とくに世間にいるような俗人であれば、面倒くさがって距離を置いてしまうかもしれない。

逆に「損になる友」だと、物腰は柔らかく、媚《こ》びへつらうこともでき、人に迎合《げいごう》してうまく話を合わせたりする。

軽々しく、口は達者で、いい加減ではあるが、お調子者で人に好かれやすい。だから他人からは付き合いやすく見え、世間にいる器の小さい人たちには人気者になってしまうことが多い。

しかし、そういう人は信頼できる友にはならないのだ。

あなたが将来において大成したいなら、こういう人物を真の友とは考えないことだ。

あなたが選ぶべき人間は、必ず別にいる！

あなたに贈る、この『啓発録』

これまで述べてきた五項目は、これから学ぼうとする初心の者にとって、私が「最も大切なこと」と考え、書に残したものだ。

私は厳しい父親の教育を受け、常に歴史書を繰り返し読み続けてきた。ただ性格があまりにも真面目で、また意志の弱い人間でもあったのだ。だからいくら学んでも自分が成長しているように感じられず、毎夜のように布団の中で涙してしまった。

そのたびに私は、思ったものだ。

「何とかして我が身を立て、父や母の名に恥じぬようになりたい」

「ゆくゆくは主君の御用に役立ち、祖先の名誉を世に輝かせたい」

最初は自分自身が、こうした思いを忘れぬよう、覚書《おぼえがき》として本書を記していた。

しかし、今の時代は何があるかわからない。

後々、私が亡くなるような日があっても、我が思いが伝わるよう、あえてこの文章を世に示してみたのだ。

皆さんはこれを読んで、何を感じただろうか？

私は代々、医者をしている家に生まれた。

もし私がそのまま家を継《つ》ごうと考えたなら、今、武士として心に抱いている志を遂げることは不可能だろう。

しかし、私がどんな仕事をしたとしても、その志は本書に記したようなところにあるのだ。

もし後世の人が私の心を知れば、私の志を憐《あわ》れむかもしれない。

しかし、私が信じた「人としての生き方」を、あなたには理解してほしいのだ。

そんな人が、これからの時代に多く現れることを、私は願っている。

嘉永戊申《かえいぼしん》年　季夏　　　橋本左内誌

第二章

『啓発録』原文

一、去稚心

稚心とは、をさな心と云事にて、俗にいふわらべしきこと也、菓菜の類のいまだ熟せざるをも稚といふ、稚とはすべて水くさき処ありて物の熟して旨き味のなきを申也、何によらず稚といふことを離れぬ間は、物の成り揚る事なきなり。

人に在ては竹馬紙鳶打毬の遊びを好み、或は石を投げ虫を捕ふを楽み、或は糖菓蔬菜甘旨の食物を貪り、怠惰安佚に耽り、父母の目を竊み、芸業職務を懈り、或は父母によりかゝる心を起し、或は父兄の厳を憚りて、兎角母の膝下に近づき隠るゝ事を欲する類ひ、皆幼童の水くさき心より起ることにして、幼童の間は強て責るに足らねども、十三四にも成り、学問に志し候上にて、此心毛ほどにても残り有之時は、何事も上達致さず、迚も天下の大豪傑と成る事は叶はぬ物にて候。

源平のころ、並に元亀天正の間までは、随分十二三歳にて母に訣れ父に暇乞して、初陣など致し、手柄功名を顕し候人物も有之候、此等はみな稚心なき故なり、もし稚心あらば親の臂の下より一寸も離れ候事は相成申間敷、まして手柄功名の立つべきよしはこれなき義なり、且又稚心の害ある訳は、稚心を除かぬ時は、士気振はぬものにて、いつまでも腰抜士になり候ものにて候、故に余稚心を去るを以て士の道に入る始と存候なり。

【原文を読むに当たっての手引き】

◉菓菜……果物や野菜
◉紙鳶……凧のこと
◉蔬菜……主に食事でなく、間食として食べる野菜や果物
◉元亀天正……元亀は一五七〇～一五七三年の年号、天正は一五七三～一五九三

二、振気

気とは、人に負ぬ心立ありて、恥辱のことを無念に思ふ処より起る意気張の事也、振とは、折角自分と心をとゞめて、振立振起し、心のなまり油断せぬ様に致す義なり、此気は生ある者にはみなある者にて、禽獣にさへこれありて、禽獣にても甚しく気の立たる時は、人を害し人を苦しむることあり、まして人に於てをや。

人の中にても士は一番此気強く有之故、世俗にこれを士気と唱へ、いかほど年若な者にても、両刀を帯したる者に、不礼を不致は、此士気に畏れ候事にて、其人の武芸や力量や位職のみに畏れ候にてはこれなし、然る処太平久敷打続、士風柔弱佞媚に陥り、武門に生れながら武道を亡却致し、位を望み、女色を好み、利に走り、勢に附く事のみにふけり候処より、右の人に負けぬ、恥辱のことは堪へずと申す、雄々しさ丈夫の心、くだけなまりて、腰にこそ両刀を帯すれ、太物包をかづきたる商人、樽を荷ひたる樽ひろひよりもおとりて、纔に雷の声を聞き、犬の吠ゆるを聞ても、卻歩する事とは成にけり、偖々可嘆之至にこそ。

しかるに今の世にも猶未だ士を貴び、町人百姓抔御士様と申唱るは、全く士の士たる処を貴び候にて無之、我。

君の御威光に畏服致し居候故、無拠貌のみを敬ひ候ことなり、其証拠は、むかしの士は、平常は鋤鍬持、土くじり致し居候共、不断に恥辱を知り、人の下に屈せず、心逞しき者ゆへ、まさか事有るときは、吾　大御帝、或は将軍家抔より、募り召寄せられ候へば、忽ち鋤鍬打擲て、物具を帯して、千百人の長となり、虎の如く狼の如き軍兵ばらを指揮して、臂の指を使ふごとく致し、事成れば芳名を青史に垂れ、事敗るれば、屍を原野に暴し、富貴利達、死生患難を以て其心をかへ申さぬ、大勇猛大剛強の処有之ゆゑ、人々其心に感じ、其義勇に畏候へども。

今の士は勇はなし、義は薄し、謀略は足らず、迚も千兵万馬の中に切り入り、縦横無碍に駆廻る事はかなふまじ、況んや帷幄の内に在て、運籌決勝之大勲は望むべき所にあらず、さすれば若し腰の両刀を奪ひ取候へば、其心立其分別尽く町人百姓の上には出申まじ、百姓は平世骨折を致し居、町人は常に職業渡世に心を用ひ居候ゆへ、今若し天下に事あらば、手柄功名は却て町人百姓より出で、福島左衛門大夫、片桐助作、井伊直政、本多忠勝等がごとき者は、士よりは出申さゞるべきかと思はれ、誠に嘆かはしく存る。

箇様に覚のなきものに、高禄重位を被下、平生安楽に被成置候は、偖々君恩のほど申す限りなきこと、辞には尽しがたし、其御高恩を蒙りながら、不覚の士のみにて、まさかのときに、我君の恥辱をさせまし候ては、返す返す恐入候次第にて、実に寝ても目も合はず、喰ても食の咽に通るべき筈にあらず。

ことさら我先祖は国家へ奉対、聊の功も可有之候得ども、其後の代々に至りては、皆々手柄なしに恩禄に浴し居候義に候へば、吾々共聊にても学問の筋心掛け、忠義の片端も小耳に挟み候上は、何とぞ一生の中に粉骨砕身して、露滴ほどにても御恩に報い度事にて候、此忠義の心を撓まさず引立、後還り致さぬ様に致候は、全く右の士気を引立振起し、人の下に安ぜぬと申す事を忘れぬこと、肝要に候、乍去只此気の振立候而已にて、志立ぬ時は、折節氷の解け酔のさむる如く、後還り致す事有之者に候、故に気一旦振立候へば、方に志立候事甚大切なり。

【原文を読むに当たっての手引き】

◉禽獣……鳥や獣
◉久敷……久しく、長い間
◉佞媚……媚びへつらう要素
◉太物包……呉服商人が担ぐ、衣類を包んだ風呂敷
◉纔に……わずかに、ほんの少し
◉郤歩……後ずさりすること
◉偖々……さてさて（感嘆詞）
◉青史……紙のない時代に竹簡に書かれた歴史
◉帷幄……作戦をめぐらす本営
◉福島左衛門大夫……福島正則、秀吉に仕えた武将
◉片桐助作……片桐且元、同じく秀吉に仕えた武将

三、立志

志とは、心のゆく所にして、我こころの向ひ趣き候処をいふ、士に生て、忠孝の心なき者はなし、忠孝の心有之候て、我君は御大事にて、我親は大切なる者と申す事、聊にても合点ゆき候へば、必ず我身を愛重して、何とぞ我こそ弓馬文学の道に達し、古代の聖賢君子英雄豪傑の如く相成り、君の御為を働き、天下国家の御利益にも相成候大業を起し、親の名まで揚て、酔生夢死の者にはなるまじと、直に思付候者にて、此即志の発する所也、志を立るときは、此心の向ふ所を急度相定、一度右の如く、思詰候へば、弥切に其向きを立て、常々其心持を失はぬ様に持こたへ候事にて候。

凡志と申は、書物にて大に発明致し候か、或は師友の講究に依り候か、或は自分患難憂苦に迫り候か、或は憤発激励致し候歟の処より、立ち定り候者にて、平生安楽無事に致し居り、心のたるみ居候時に立事はなし。

志なき者は魂なき虫に同じ、何時迄立ち候ても、丈けののぶる事なし、志一度相立候へば、其以後は日夜逐々成長致し行き候者にて、萌芽の草に膏壌をあたへたるがごとし、古より俊傑の士と申候んとて、目四ッ口二ッ有之にてはなし、皆其志大なると逞しきとにより、遂には天下に大名を揚候なり、世上の人多く碌々にて相果候は他に非ず、其志太く逞しからぬ故なり。

志立たる者は、恰も江戸立を定めたる人の如し、今朝一度御城下に踏出し候へば、今晩は今荘、明夜は木の本と申す様に、逐々先へ先へと進み行申候者也、譬ば聖賢豪傑の地位は江戸の如し、今日聖賢豪傑に成らん者をと志し候はゞ、明日明後日と、段々に其聖賢豪傑に似合ざる処を取去り候へば、如何程段短才劣識にても、遂には聖賢豪傑に至らぬと申す理はこれなし、丁度足弱な者でも、一度江戸行き極め候上は、竟には江戸まで到着すると同じき事なり。

偖右様志を立候には物の筋多くなることを嫌ひ候、我心は一道に取極め置き不申候はでは、戸じまりなき家の番するごとく、盗や犬が方々より忍び入り、迚も我一人にては、番は出来ぬなり、まだ家の番人は随分傭人も出来候得共、心の番人は傭人出来不申候、さすれば自分の心を一筋に致し、守りよくすべき事にこそ。

兎角少年の中は、人々のなす事致す事に、目がちり、心が迷ひ候て、人が詩を作れば詩、文をかけば文、武芸とても、朋友に鎗を精出す者あれば、我今日まで習ひ居たる太刀業を止て、鎗と申す様に成り度きものにて、これは正覚取らぬ、第一の病根なり、故に先づ我知識聊にても開候はば、篤と我心に計り、吾所向所為をさだめ、其上にて師につき、友に謀り、吾及ばず足らはぬ処を補ひ、其極め置たる処に心を定めて、必多端に流れて、多岐亡羊の失なからんこと、願はしく候、凡て心の迷ふは、心の幾筋にも分れ候処より起り候事にて、心の紛乱致し候は、吾志未だ一定せぬ故なり、心定まらず心収まらずしては、聖賢豪傑には成られぬものにて候。

何分志を立る近道は、経書又は歴史の中にて、吾心に大に感徹致し候処を書抜き、壁に貼し置き候か、又は扇抔に認め置き、日夜朝暮夫を認め咏め、吾身を省察して、其不及を勉め、其進を楽み居り候事、肝要にして、志既に立候時は、学を勉むる事なければ、志弥ふとく逞くならずして、動もすれば聡明は前時より減じ、道徳は初の心に慚る様に成り行くものにて候。

【原文を読むに当たっての手引き】

◉聊にても……いささかにても、少しでも

◉弥……いよいよ

◉膏壌……豊かな土壌の土

◉今荘、木の本……いずれも福井の宿場

◉多岐亡羊……道がたくさんわかれているため、羊を失ってしまうたとえ。選択肢があまりに多いため、目標をあやまってしまうことのたとえ

◉経書……儒教の書物、四書五経

四、勉学

学とは、ならふと申す事にて、総てよき

人すぐれたる人の善き行ひ、善き事業を迹付して、習ひ参るをいふ。故に忠義孝行の事を見ては、直に其人の忠義孝行の所為を慕ひ倣ひ、吾も急度其人の忠義孝行に負けず劣らず、勉め行き候事、学の第一義なり、然るに後世に至り、字義を誤り、詩文や読書を学と心得候は、笑かしき事どもなり。

詩文や読書は、右学問の具と申すものにて、刀の欛鞘や、二階梯の如きものなり、詩文読書を学問と心得候は、恰も柄鞘を刀と心得、階梯を二階と存候と同じ、浅鹵粗麤の至りに候。

学と申すは、忠孝の筋と文武の業とより外には無之、君に忠を竭し、親に孝を尽すの直心を以て、文武の事を骨折勉強致し、御治世の時には、御側に被召使候へば、君の御過を補ひ匡し、御徳を弥増に盛んになし奉り、御役人と成り候時は、其役所役所の事、首尾能取修め、依怙贔屓不致、賄賂請謁を不受、公平廉直にして、其一局何れも其威に畏れ、其徳に懐き候程の仕わざをなし可申義を、平世に心掛け居り、不幸にして乱世に逢ひ候はば、各々我居場所の任を果して寇賊を討平げ、禍乱を克定め可申、或は太刀鎗の功名、組打の手柄致し、或は陣屋の中にありて、謀略を賛画して、敵を鏖にし、或は兵糧小荷駄の奉行となりて、万兵の飢渇不致、兵力の不減様に心配致し候事抔、兼々修練可致義に候、此等の事を致し候には、胸に古今を包み、腹に形勢機略を詰し蔵め居らずしては、叶はぬ事共多く候へば、学問を専務として勉め行ふべきは、読書して吾知識を明かに致し、吾心胆を練り候事肝要に候。

然る処、年少の間は兎角打続き業に就き居候事を厭ひ、忽読忽廃し、忽習文講武といふ様に、暫く宛にて倦怠致すものなり、此甚だ不宜、勉と申すは、力を推究め、打続き推遂候処の気味有之字にて、何分久を積み、思を詰不申候はでは、万事功は見え不申候、まして学問は物の理を説、筋を明かにする義に候へば、右の如く軽忽粗麤の致し方にて、真の道義は見え不申、中々有用実着の学問にはなり申さぬなり、且又世間には愚俗多く候故、学問を致し候と、兎角驕謾の心起り、浮調子に成て、或は功名富貴に念動き、或は才気聡明に伐り度病、折々出来候ものにて候、これを自ら慎み可申は勿論に候へども、茲には良友の規箴至て肝要に候間、何分交友を択み、君仁を輔け、吾徳を足し候工夫可有之候。

【原文を読むに当たっての手引き】

◉迹付……後を追うこと
◉粗麁……雑であること
◉組打……柔術や格闘
◉規箴……正しく戒めること

五、択交友

交友は、吾連朋友の事にて、択とはすぐり出す意なり、吾同門同里の人、同年輩の人、吾と交りくれ候へば、何れも大切にすべし、乍去其中に損友益友候へば、則択と申す事肝要なり、損友は、吾に得たる道を以て、其人の不正の事を矯直し可遣、益友は、君より親みを求め、事を詢り、常に兄弟の如くすべし、世の中に益友ほど難有難得者はなく候間、一人にても有之ば、何分大切にすべし。

総て友に交るには、飲食歓娯の上にて附合、遊山釣魚にて狎合は不宜、学問の講究、武事の練習、士たる志の研究、心合の吟味より交を納れ可申事に候、飲食遊山にて狎合候朋友は、其平生は腕を扼り肩を拍ち、互に知己知己と称し居候へ共、無事の時、吾徳を補ふに足らず、有事の時、吾危難を救ひくれ候者にてはなし、これは成り丈屡出会不致、吾身を厳重に致し附合候て、必狎昵致し吾道を褻さぬ様にして、何とか工夫を凝して、其者を正道に導き、武道学問の筋に勧め込候事、友道なり、偖益友と申すは、兎角気遣な物にて、折々不面白事有之候、夫を篤と了簡致すべし、益友の吾身に補ひあるは、全く其気遣なる処にて候、士有争友雖無道不失令名と申すこと、経に有之候、争友とは即益友也、吾過を告知らせ、我を規弾致しくれ候てこそ、吾気の附ぬ処の落も欠も補ひたし候事、相叶候なり、若右の益友の異見を嫌ひ候時は、天子諸侯にして諫臣を御疎みなされ候と同様にて、遂には刑戮にも罹り、不測の禍をも招く事あるべきなり。

偖て益友の見立方は、其人剛正毅直なるか、温良篤実なるか、豪壮英果なるか、俊邁亮明なるか、闊達大度なるかの五つに出でず、此等は何れも気遣多き人にて、世間の俗人どもは甚しく厭棄致し居候者なり、役損友は、佞柔善媚、阿諛逢迎を旨として、浮躁弁慧、軽忽粗慢の性質ある者なり、此は何れも心安く成り易き人にて、世間の女子小人ども、其才智や人品を誉居候者なれども、聖賢豪傑たらんと思ふ者は、其所択自ら在る所あるべし。

以上五目、少年学に入るの門戸とこゝろえ、書聯中候者也。

右余厳父の教を受け、常に書史に渉り候

処、性質疎直にして柔慢なる故、遂に進学の期なき様に存じ、毎夜臥衾中にて涕泗にむせび、何とぞして吾身を立て、父母の名顕し、行々君の御用にも相立、祖先の遺烈を世に耀し度と存居候折柄、遂々吾身に解得致し候事ども有之候様、覚申すに付、聊書記し、後日の遺亡に備ふ、敢て人に示す処にあらず、嗚呼如何せん。

吾身刀圭の家に生れ、賤技に局々として、吾初年の志を遂る事を不得を、然れども所業は此に在りても、所志は彼に在り候へば、後世吾心を知り、吾志を憐み、吾道を信ずる者あらん歟。

【原文を読むに当たっての手引き】

●事を詢り……物事を相談すること
●屢……しばしば
●俊邁……才知に優れていること
●潤達……度量が大きく、小さなことにこだわらないこと
●厭弃……嫌がって相手にしないこと
●佞柔……物腰が柔らかいさま
●阿諛……おべっかをつかうこと
●浮躁……落ち着きがないこと
●弁慧……言葉巧みなこと
●涕泗……涙

◉刀圭……医者

嘉永戊申季夏

橋本左内誌

右啓発録。距今十許年前。余所手記也。其言雖浅近。顧当時憤悱之奮且厲。反非今日所及也。近頃偶撿旧簀獲之。因浄写一本。示愛友子秉及弟持卿。以為啓発地。嗚呼十年前既如彼。而今日如此。則自今十年之後。其将何如乎。繙閲間不覚赧然。

丁巳皐月

景岳紀識時年二十又四

第三章

「学制に関する意見文書」

「学制に関する意見文書」とは……

一八五七（安政四）年、福井藩が創設した藩校「明道館」の教育方針に対し、「学監」という監督役に就任した橋本左内が、福井藩の家老・松平主馬に提出した意見書が、この「学制に関する意見文書」です。正式には「学制に関する意見割子《さっし》」と呼ばれるものです。「明道館」は改革派藩主として知られた松平春嶽《しゅんがく》（慶永《よしなが》）が、藩の教育推進のため、五五年に創設した学校。その教育を先進的にするため、選ばれたのが左内でした。

彼の意見は単に教育改革だけでなく、日本人がこれからどのような意識を持つべきかという深い考察に基づきます。ときはペリー来航から四年、彼が育てようとした「世界と対等にわたりあえる日本人」への課題は、現代人にもそのまま当てはまります。

●いま、我が藩から日本を変えるのに必要なこと

福井藩が藩校「明道館」を設立されたのは、政教《せいきょう》の一致と文武の一体を目指した深い考えによるものと思います。

この学校が中心になった教育の普及により、やがては藩の武士たちに仁義を重んじ、忠節を尽くす気風が起こっていくはずです。

庶民も、やがてはそのような文化に感化され、ますます我が藩は発展していくことになるでしょう。

この「明道館」を基礎にすることで、藩主様は、長年の大願《たいがん》にされてきた、「この国を文明化する」という計画を実現したいと考えていらっしゃるのだと推察《すいさつ》しています。

だとすると、これは尋常ならざる大事業であり、容易にできることではありません。

実に古代から現在まで、多くの優れたリーダーや賢人たちが実現しようとして、なかなか達成されなかった難題なのです。


そこでこの計画を実現するならば、まず遠い将来において目指すところを明確にして、曖昧《あいまい》なところを一切排《はい》し、どっちつかずの妥協案を選ぶようなことから脱却しなければ、理想とする目標を完全に達成することは不可能になるでしょう。

私が懸念していることをもし理解され、決して妥協の産物でなく、ここを中心にして国家を変えていくような藩校を目指すのであれば、何よりまずは優れた人材を得ることが重要だと考えます。

人材というのは、いまも昔も変わらずに重要な要素であり、いつの時代であっても不要であったことなどありません。

まして現在の我が藩は、従来の体制を廃し、思いきった新政を起こそうとしているのです。

私たちが改革しようと考えている規模は非常に大きく、小さな成功で満足できるようなレベルではまったくありません。

したがって、過去の時代と比べても、現在ほど緊急に優れた人材を必要としている時代はなかったといってもいいほどなのです。

しかしながら、目下《もっか》において我が藩が揃えています人材については、すでに細かいところまで調査が行われ、精密な選別も実行されています。

新しい人材をスカウトするための研究や議論も始まっていますから、もはや成功への道は開かれ始めたといってもいいでしょう。

これからは新しい人材による教育も行われ、学校において優れた養育を行われた若者たちが育っていきます。

彼らは当然、傑出した逸材になっていくでしょうから、将来において大きな事業を実現させる可能性はますます高くなっていきます。

そのことを考え、今日から人材の確保にはますます神経を使い、時代の変化に対応した視点で、正義と奉仕の道を追求していかなければなりません。

もちろん人材を得る手段にはさまざまなものがあり、学校で教育することだけが決してすべてではないことは承知しています。

しかし優れた大材というのは、正しい道を教化することによってしか、なかなか生まれてこないものです。その最も適切な場所はといえば、やはり学校をおいて他にはないでしょう。

これは私のような小物の意見のみにあらず、おそらくは宇宙の道理のようなものではないかと、長年にわたって確信しているのです。

●優れた人材を得るための四つの条件

教育によって人材を育成するということは、非常に重要なテーマであり、それだけに非常に難しい問題でもあります。

とくに現在の「明道館」においては、難事中の最大難事ともいえるような問題でしょう。

どうしてかといえば、優れた人材を得るには、たいてい四つの条件が必要になるのです。

現在の「明道館」はそれを満たしておらず、それでは夜道を歩きながら、一所懸命に太陽を見ようとしている人間と同じになります。

これではどんなに苦労しても、愚行を重ねるだけになってしまうでしょう。

では、四つの条件とは、どういうものなのでしょう？

第一に、人材をよく知ることです。

すなわち、その相手の長所をよく知り、欠点をその場で見破ることに努めなければなりません。

第二に、人材を養うことです。

人材の特徴を見抜いたならば、まず長所をより伸ばすような教育をしていきます。

そのうえで教育にとって害になるものや、困難な問題を取り除いてあげます。その環境を整えたうえで、その者が抱えている反抗心や迷いなど、心の問題を取り除いてあげるための術を凝らすのです。

そうすれば、やがて彼らは「志」と呼べるものを見つけていくでしょう。

第三に、人材を完成させることです。

養うことができたなら、今度は彼らに武芸を教え、学問を植え付け、正道《せいどう》を歩むように導いていきます。

実際に現場での実力を試し、そのうえでさらに技術を熟練させ、即戦力として使える人材にまで、私たちが人材を支え、完成させてあげるのです。

第四に、人材を活用することです。

育てた人材はすでに即戦力になるのですから、その者が長く用いられず、くさってしまうようなことがないよう、ただちに相応《ふさわ》しい部署に推薦して、しかるべき任務を任せなければなりません。

この四つの条件をきちんと実行しなければ、優れた人材はなかなか確保できないのです。

まずは教育に携わる者が、このプロセスをふだんから意識していなければならないでしょう。

●ひねくれた豪傑をこそ、学問の光で導くべき

人材を得る四つの条件の中でも、とくに難しいのは、第一の「人材を知ること」と、第三の「人材を完成させること」になります。

その理由は、一日に千里《せんり》を駆けるような馬であっても、必ずひづめで人を蹴《け》ったり、噛《か》み付くクセがあったりと、欠点を持っているものなのです。その欠点は、見抜く者の器量によっては、非常にマイナスな要素に映ってしまうこともあります。

古の時代から現在まで、そうした一面だけで評価するような気風が弊害《へいがい》となり、優れた人材がなかなか世に出ない理由になってきたのです。

一方で、怠け者であり、臆病であり、弱々しいくせに、人に媚びへつらうのだけは上手な人間が、人に愛され、評価されてきました。

そうした人は、確かに目立った欠点はないように見えるのです。しかし多くの場合は皆、一生涯において自分の利益ばかりを追求するような「貪欲《どんよく》さ」という病根を断ち切れません。

彼らは学問に成熟するほど、いっそう外面《そとづら》よく口達者《くちだっしゃ》になり、孔子が「郷《きょう》原《げん》」と呼んだ偽物の道徳者に陥ってしまうのです。

そんな人間に、なかなか安心して仕事を任せることはできないでしょう。

これに引き換え、豪放で遠慮のない者や、頭がいいぶん自由奔放《ほんぽう》に見える者、あるいは純粋で剛直な者や、情熱があり過ぎて人としょっちゅう摩擦《まさつ》を起こすような者こそ、本当は教育のしどころによって将来が頼もしくなるのです。

ところがこうした人物は、もともとが他人より傑出しているため、自分のみの力をよりどころにするぶん、人に就《つ》き、人に屈して教えを受けようとは、あまりしません。ややもすれば人を軽蔑《けいべつ》しがちで、世間一般の風潮に逆らうようなところすらあるのです。

古来、英雄豪傑であった人物が、毎度のように思いがけず困難に遭遇してしまうのは、そうした人物由来の性質に根ざしているところも大きいのでしょう。

このような抜きん出た性質を持っている人物は、とかく自分自身の信念にこだわり、書物を読んで他人の考えを理解しようとすることを嫌います。学問の道へ進んでも、途中でイヤになって放り出し、あらゆることが中途半端になってしまう弊害もあるのです。

いかに豪放で意志が強く、真っ直ぐな性格を有していたとしても、ものの道理を理解せず、学術に明るくないのでは、大きな才知をもって戦略を立て、大きな事業を実現することは不可能でしょう。

学がないと、そのような問題が起こるのです。

ですからこのような人物を正しく誘導し、意固地《いこじ》になっている心を開かせ、学問の大切さを理解させましょう。

彼らが学術を身につけたとき、大きく国家に貢献できる人材となります。

そのときこそ学問の光が輝くときなのです。

●英雄の器量ある人にしか英雄は育てられない

述べてきたような器の大きい人物でなく、もっと矮小《わいしょう》な人物に、些細《ささい》で小さなことを教え込んだとしましょう。

これはもともとが小さな器である者が、表面を取り繕《つくろ》う技術を身につけたというだけのことであり、他に何かの役に立つということはありません。

そんなことをしていれば学問といわれるものが、結局は世の中において害をなすものになってしまうでしょう。

私が考えるところ、いま現在において藩で行っている教育方針が行き届けば、いずれは御家中の第一子は皆、学校へ通うようになり、主な人材候補で学問を身につけていない者はいなくなるはずです。

学問を身につけた大勢の若者の中には、当然のように、傑出した者も存在するでしょう。

しかし万一、幸いなことにそのような人物がいたとしても、いまの「明道館」の状態では、その人材を育て上げ、大成させることはできないと思います。

その理由は三つ。

第一に、いまの教官は開かれた目を持っていないし、大きな視野も持っていません。よって、その人物の大きな才能を見抜くことなど、まったく期待できないのです。

第二に、いまの教官たちは人を指導する際、些細なことを気にして、大きな目標を疎《おろそ》かにしてしまうところがあります。

第三に、教官たちは自分に近い性質や思想を持った者を好み、違う考え方の者や、異論を持った者を嫌う傾向があります。

教官たちのこの三つの欠点が除かれない限り、傑出した人材の心を動かし、教育によって成長させることなどできないでしょう。

人を判別するにも、人を教えるにも、その人物を一人前に育て上げるにも、教官の器量というのが大きく関わってきます。

英雄を育てるには英雄の器量を知り、聖者や賢者を育てるなら、聖者や賢者の器量を知っていなければ、それは不可能なのです。

凡庸《ぼんよう》であるのに、英雄や賢者の素質がある人間を見抜き、その人物がそうなるように育て上げることなど、当然ながらできるわけがありません。

●現在の日本の学校が人を育てられない理由

いま現在の学校のありようでは、類稀《たぐいまれ》なる人材がいたとしても、その人物の素養を見抜き、教育によってその人物を感化し、心服《しんぷく》させて、大成できるように奮闘させることなどできないでしょう。

むしろ教官のほうが能力を見透かされ、侮《あなど》られたり、怠けられたりと、不《ふ》遜《そん》なふるまいをされるようになってしまうかもしれません。

そんな事態になれば教官の威信《いしん》は軽くなり、激しく学生に怒りをぶつけるような者も現れるでしょう。

ところが怒れる心でもって学生に接した場合、意志が強くまっすぐな心を持った人間が、力をもって抑圧される結果になります。

すると優秀な人材がたちまち傷物《きずもの》となり、善の道へ向かう心が断たれ、邪の道へ入り込ませてしまうこともあるのです。

傑出して類稀なる才能を持った人間は、その性質から、他の人間に影響を及ぼさないということがありません。

つれづれに無難な人生を送っていくということも絶対にありませんから、

必ずや誰かと結束し、自らの野望を実行していくでしょう。場合によっては真っ当な道を踏み外したり、国家に反する思想を持ったり、法に背《そむ》いて無頼《ぶらい》な活動をするようになるかもしれません。

こうした状態になってからその者を裁き、罰することになるのでは、人材を無駄にしてしまった後悔がいつまでも残ります。

もちろん放置しておけば、飢えた虎を飼っているのと同じですから、いつか災いを招くでしょう。

逆に重用《ちょうよう》したりすれば、政教一致の考えに反するということで、現在の視野の狭い教官たちがうるさく騒ぎ立てることになります。

以上述べたような懸念がありますから、現在の「明道館」において有用な人材を育てるのは、まだ難しいのではないかと私は思うのです。

かえっていつの日か論争が起こる種をまき、貴重な人材を失うような大害を招く恐れすらあるのではないかと、心配もしているのです。

このようなことは、ただ「明道館」に限ったことではありません。従来からある諸藩の学校は、現在においてことごとく太平の世を飾る道具のようになっています。

西の中国の歴史において、たくさんの学校が興《おこ》っては廃されていったのも、同じような理由からなのです。一言でいってしまえば、学業を指導する教官たちの能力が足りなかったことが大きな理由であることは否めません。

●家業を継いだだけの学者に人を感化することはできない

しかし問題をさらに突き詰めてみると、傑出した人材を育成する方法を見出だせないのは、教官だけに責任があるわけではありません。

というのも、この日本には儒学を志し、国家の繁栄に大きな役割を果たした、卓見した学者たちが存在してきました。

ただしその名を挙げれば、慶長・元和《げんな》の御時世《ごじせい》から、徳川二百五十年の間、熊澤了介《りょうかい》（蕃山《ばんざん》）、新井白石《はくせき》、頼山陽《らいさんよう》など、わずか数人にとどまってしまうのです。

どうしてかといえば、そもそも儒学者が学問を志す理由は、天下のために役に立つことをしようと深慮《しんりょ》したり、大志を掲げたからではありません。

また、自身にそのような深慮や大志があったとしても、学び始めるのが晩年であったり、官職が低かったりして、実現が困難な場合もあります。

ならば自分一人の力だけでは事が実現できないと洞察し、なんとか傑出した人材を育成して、己の宿願《しゅくがん》を次代に託せばいいのですが、そういう儒学者も多くはありません。

さらに加えると、最初は志のようなものがなかったとしても、だんだんと学問の道理を知り、熟達して思考が清明になるにつれ、自分が奮闘すべきことを悟ることはあるでしょう。

そして、それまでの自分を勇猛に省察し、正しき道に進み、徳を積み、天下国家にとって重要な仕事を成し遂げていくことはできます。ただ残念ながら、そういう儒学者もほとんどいないのです。

では、大部分の儒学者はといえば、じつは儒学者の家に生まれたから儒学を志しただけというケースがほとんどです。

あるいは生まれながらに病弱な体質で、身体が自由でなく、通常の人のような力仕事で実力を発揮できなかったため、自《おの》ずから書物を好み、学問の道を選んでいます。

そうした意識の低さですから、口では「国を治めるためにはどうすべきか」「天下を太平にするにはどうすべきか」といったことを申していても、その腹の中にはまったくのところ何もなく、具体的に実行できるプランなど何も考えていないのが現実なのです。

彼らは単に古人の知識の滓《かす》のようなものをなめているだけで、文字上で賢人の教えを恍惚《こうこつ》になって学び、口まねをしているだけ。ただ単にオウムの芸をやっているのみにすぎません。

いかに利口な言い回しをしていたとしても、土台がオウム芸なのでは、人を説得し、理解させ、その教えを徹底させることなど不可能でしょう。

●自ら優れた行動を示す者のみが、正しい道を教えられる

人材を育成させる道は、ただ口先だけ上手になっても、それでことが足りるわけではありません。

第一に自身が優れた行動を示し、周りの人間を感服《かんぷく》させ、周りの人間の目や耳を驚かすほどのことがなければ叶わないのです。

それなのに、現在の「明道館」の教官は、大言《たいげん》を論ずるばかりで、すべては空論に陥ってしまっています。私が聞く限り、その言葉はほとんど実現不可能なことばかりでしょう。

そのうえ、ふだんの俗情《ぞくじょう》や俗態《ぞくたい》を見れば、己の私欲を追求する日常から抜け出しておらず、忠孝や忠節など、口ではいっていても実行しているようには、まったく見えません。

彼らが貫き、踏みとどまっているところは、結局は俗世間の富や地位を求める生き方であり、大きな願望の実現のために真剣に悩んで心を煩わすようなことはなく、ただいつものように凡庸な日常に埋没しているのが現実なのです。

これまで述べたように、現在の教官は人徳を煽動《せんどう》するだけの優れた才知もなく、また人並みはずれた忠節心を持っているわけでもありません。

それでは衆人と競っても、どちらが優れて、どちらが劣っているかというレベルであり、わずかに普通の人より言論や文学の教養が優れているだけのこと。君子になるような人間を慕わせ、仰《あお》ぐ心を起こさせるというレベルには、とうてい及ばないのです。

いや、小人にすぎない学生であっても、いまの教官たちに忌憚《きたん》ない尊敬の情を抱く者は、ほとんどいないのではないでしょうか。

「明道館」の内実はこのように散漫《さんまん》になっており、厳正で粛々《しゅくしゅく》とした雰囲気はあまり見られません。

教える人にも教わる人にも、道義を確信する気配は乏しく、道義を確信していないから、勇ましく鋭い気風も起こってはいません。

少し行動すれば、すぐに怠けてしまうような傾向さえ、いまは生まれています。このような状態で傑出した人材が育つことは、なかなか難しいでしょう。

それどころか、中程度の人材にさえ成長するのは覚束《おぼつか》ないように思えます。

浅はかな教官に学校を託し、類稀なる豪傑や、役に立ってくれる俊才をつくりだしてくれるように期待するのは、手足が麻痺《まひ》している病人に「輝く宝石」の精製を依頼するようなもので、何年経っても実現することはないでしょう。

これではいつになったら優れた人材が藩に登場するのか、心配で仕方がありません。

藩の内情を外から見ていれば、愚か者であっても、現在はその志に相反していて、望むところが充たされていないのを感じてしまいます。

かえって藩の威信が崩れてしまうようなことがないかと、私は心配しているのです。

●頑固者の武芸者をいかに味方にしていくか

さて、我が藩の教育方針には、「文武一致」という趣旨がありました。

現在、「明道館」に「講武館」（武芸稽古所）を創設することになり、武に優れた藩士を育てていくという問題については、次第に体制が整ってきました。これは非常にありがたいことだと思っています。

ただ、第一に教官たちの胸の中に、施設を上手く活用しようとする意思や計画がなければ、なかなか文武一致を実現することはできません。

たとえ総教（家老職にあって明道館の責任者を兼ねる役職）の方が、どれほど心配りやお世話を焼いてくださったとしても、学校の側は上の身分と下の身分の人間で、意思がかけ離れてしまっているような現状があります。

さらにまた下役の者たちによる日々の瑣末《さまつ》な事柄にしても、現在のところは雑然としています。これを十分に調査し、注意をしようとしても、自ら現場に降りていって議論し、改善をしていくということはなかなかできないでしょう。

さらに職員が上の意向を憶測し、互いに「彼は贔屓《ひいき》されているのではないか」と疑心暗鬼《ぎしんあんき》になっているような状況も生まれています。その結果、不毛な争いが繰り返し起こる可能性もあるわけです。

いまはまだ学問の道が広く行き渡っていないため、武士である者は、往々にして頑固であり、見識が狭く、一方向に偏った意見にとらわれていることも多くあります。

彼らの心を開き、公明正大な見識を与え、国家の大願を実現するために協力を依頼することは容易でないでしょう。

これを正しく理論で導くためには、誰か大有力者がその狭い了見《りょうけん》を打ち破り、自ら諄々《じゅんじゅん》と頑固者たちの心を溶かし、正しい道へと誘い入れていかねばなりません。

目下《もっか》のところの武道に関する御処置では、まだまだそこまでのことはできていません。このままでは長く体制を維持することも難しいでしょう。

こうした有力者に誰が望ましいか選ぶことも、やはり教官が担うべき任務だと思います。

すでに先日、「講武館」では世話役のような重職をはじめ、関係する役職の面々の人選が行われました。

ところが役付けされた者たちは、いまだ一歩も「明道館」へ赴《おもむ》く動きを見せませんし、教官に対して何の相談もありません。

武芸所勤務を命じられた者も、申し訳程度に細々とした読書会をやっているだけで、師範の誰が本気になって目を開き、率先して仕《つか》えてくれるということまで、なかなか予測できません。教官は依然、それに対して対策を立てず、安穏《あんのん》としているのです。

●古の賢者は「学問」と「技芸」を並行して学んでいた

そのうえまた、私が深く心配していることは、文武それぞれを担当する人間が、お互いを尊敬し、信頼し合っていないことです。文武一致のことなど棚上げし、それぞれ自分の目の前にある奉公を、一目散に遂行しようとしているだけです。

彼らは互いにその欠点を指摘しあい、「学問に傾倒《けいとう》する者」は「武力に傾倒する者」が粗暴《そぼう》で偏狭《へんきょう》なのを笑い、「武力に傾倒する者」は「学問に傾倒する者」が柔弱《じゅうじゃく》で臆病なのを嘲《あざけ》ります。

生徒のことに関しても、双方が見込みのある者を強引に門下に引き込もうとするばかり。その者の長所を伸ばすことも、国家に役立つ人間に大成させることも打ち忘れ、所詮は我が流儀を押し広げようとしているだけなのです。彼らは互いに意地を張って論争に及び、ついには党派を結成するようになり、門戸同士の闘争を始めることもあります。

これはまた、非常に恐ろしい可能性でしょう。

古来、道理にうとい儒学者の狭い了見で、我が国には技芸を軽視し、これを身につけようと努力する者を嘲笑する傾向があります。これは誠に意味不明で、理解の足りない論といえるでしょう。

聖人の道とはいうものの、それは必然的に人が生きる世界の中に存在するもので、物質世界の外にあるものではないのです。

物質世界の外にある道でないなら、人の世のことを離れもしません。だから聖人の道も、本当は技を磨くことからそこに入るべきだと、私は愚か者なりに考えているのです。

自分自身が能力不足で、稚拙《ちせつ》で劣っていることを隠すため、空理空論ばかりを唱え、実用的な技術を磨いていく努力を嫌うのは、まったく笑止千万《しょうしせんばん》なことです。

昔の時代の聖者や賢者には、才能に欠けていた者など一人もいなかったように見えます。しかし彼らはたくさんの能力を備えていたとしても、それに頼らず、それに慢心することもなく、自ら技芸を修練しました。

しかし彼らはそれでも技芸におぼれることはなく、緻密《ちみつ》な技芸の中に大切な真理が存在していることを理解したのです。

あらゆる技芸に一致する最重要なところに人が学ぶべきことがあるのだと、聖者や賢者たちはしっかりと認識していました。

現在の「明道館」の教官たちは、この辺りのことがまだ、よくわかっていないようです。

●教える側が知っておくべき、人を育てるための原則

現在は藩に創設されたばかりの兵科《へいか》をはじめとし、その他の諸科がともに一丸となって、大きな念願を叶えようとしているときです。

そのような全体目標を考慮せず、かえって自分が目指す道の邪魔になると思っているのか、そうした諸科に人材を配置することを、館内で妨害するような動きが起こっています。

なんとなく愚かな心配をして、疑心暗鬼になっているのでしょうか。こちらから見れば意固地な考えにしか見えず、笑ってしまうような振る舞いです。

もし御家中が一致団結して空理空論を追求することに専心し、一本の毛を二つに断つくらいの精緻《せいち》な研究をしたとしても、それで実際に身になっていく技術は何もありません。

ちょんまげ頭の禅僧に等しい武士たちが何人も生まれてくるだけで、「実際の軍技は誰に頼ればいいのか？」という事態に陥ってしまうのです。

会計は誰がやるのか、農業の振興や水利は誰がやるのか、機械の製造や物産の開発は誰がやるのか、国家を治めるにはさまざまな道具がなければなりません。

これは一つの家庭において、さまざまな器物がなければ、生命の保証ができないのと同じなのです。

こうしたことさえ気づかずに、自分の学問にも関係しているはずの諸科目を整えることを漫然と放置しておき、どうして天下に平和な一国をつくりあげる仕事ができるのでしょうか？

どうして藩主が望む、政教一致や文武一致の理念が、達成できるのでしょうか？

まったく覚束ないことではないかと思います。


人材を得るということは、ただ教育を薫陶《くんとう》すれば人が育ち、人材になるというわけではありません。

人材となる生徒を採用したならば、その長所を成長させ、同時に周囲の学生たちの心も奮起させ、落ちこぼれたところで安穏としないようにするのが重要です。

もし人材を育成することにばかりとらわれ、その選び方や用い方を知らないのであれば、せっかくの人材が停滞する弊害が出るばかりでなく、ついには人材育成の道も塞《ふさ》がってしまいます。

そうであるならば、人材を選ぶ道をあらかじめ説明しておくことも、上の人間がやるべきこととして重要なのです。

もちろん下の人間がなすべき小さな事柄を、いちいちトップにいる殿様に伝えるというのは、現実的ではありません。

だから教官たる者が物事を洞察し、その人材の才能を捨て置かず、学問に精進するよう努めていかなければならないのです。

いずれ育て上げた人材が大業をなす際には、一芸一材も捨て置かれなかったことが生きてくるでしょう。

もし一人の人材が、わずかな才能しかないからといって捨て置かれたなら、中くらい以下の者の大半は希望をなくしてしまい、武士道を失って自暴自棄となり、有益な人材となっていく道は完全に失われてしまいます。

たとえ才能がわずかで、小さな長所しか持っていなかったとしても、決して見捨てず、学問の大筋を教えていくことが最も大切なのです。

この大筋が一本に定まれば、教育の道もたくさんの方向にバラバラにならず、教える者と学ぶ者が、ともに目的を一致させることができるでしょう。

逆に大筋が定まらないと、たとえ教える側に情熱があったとしても、足の形を知らないまま履物《はきもの》をつくるのと同様になってしまいます。

ですから学問の大筋をあらかじめ定めることは重要であり、これも教官が担うべき、当然の義務になるのです。

●我が国を担ってきたのは間違いなく武士の精神だった

すべての人材は世の中を治めていくうえで礎石《そせき》になるものですから、時代に応じて学問の選び方も少なからず変化していくものでしょう。

ときには正直で剛健であることを重視し、ときには機敏で即実用的であることを主とし、あるいは道徳を優先し、あるいは気概を育むことを重視するといった小差は生まれてきます。

しかしながら、忠義の心を持った有益な人材を探すということに変わりはありません。そうした人材を見つけられさえすれば、文武の兼備はもちろん、どちらか一方に能力は偏っていたとしても、最終的には活躍してくれる人材になってくれるのです。

西方の中国は、従来から文学を尊んだ国であり、文官の地位を高くして執政を担わせました。

文官の中から類稀なる人材も生まれましたし、国家が繁栄するための大業を成し遂げたことも事実です。

そこで我が国でも儒学者を重んじ、とにかく儒学者さえ重用すれば、国は治まるように考えているところがあります。

しかし、その考えにこだわっているのはおかしいのです。

我が国は元来から武士道を重視してきた国であり、政治体制も武家の気風に則ったものでした。

伝統的な習俗も簡素なものを好み、豪華でけばけばしいものを、あまり好んではこなかったのです。

いつの時代においても、武士たちの中から、忠義に厚く明快で、清廉潔白にして剛正な人間は登場してきました。

百里の国家を、たった十四、五歳のうちから任され、それを当然のことのように守りきってきたのは、武家に生まれた者たちだったのです。

このように我が国の歴史には、中国と異なる特徴が数々、存在しています。現在のように世の中の気風が次々と打ち開け、人々の心が進歩的になっていくと、政権を担う側は、学問の道理に熟達している者に頼りたくなるのは当然のことでしょう。

しかし古代から近世まで、私たちは武の精神をもって天下を定め、御国の体制を維持してきたのです。

臆病で卑怯なことを嫌い、正義に背《そむ》いたことを恥とし、主君を敬い、祖先を重んじてきたのです。

集約して述べるなら、敬神尚武《けいしんしょうぶ》の風は、今日にいたってもまだ微《かす》かながらも存在し、決してその形を変えていません。

これこそが世界各国に卓越《たくえつ》している、我が国の特徴だと思うのです。

今後も武士道を骨とし、教養を付けることで肉にしていくために、学者たちを貴重な存在として扱っていけばいいのです。


その一方で無益で下品な学問に流れていく者たちは、しかるべきやり方で排除していくべきと考えます。

ただ議論や弁論のみを得意とするような学者を選んでしまうと、平常において厳しく勉強を指導するような激務に耐えられず、必ずこれを軽率にするでしょう。

万一、緊急な事態に遭遇したとしても、そうした武士は必ず軍議を繰り返すしか能がなくなってしまうのです。敵陣に攻め上《あが》り、軍旗《ぐんき》を奪い取ってくるような猛者《もさ》は、むしろ足軽や農民武将の中から出てきます。

それでは乱を治めるために、適当な人物を抜擢し、任用したとはいえなくなってしまうでしょう。

●人を育てる人物は、もっと広い視野を持つ

以上述べたようなことは、紙上で論ずるならば、「文武のどちらかに偏ってはならない」というだけで、いとも簡単な記述に終わってしまうことです。

しかし「武」といっても、やみくもに突き刺したり、突撃したりというのは、真の武ではありません。「文」といっても、いたずらに記憶し、書物を

読みわたるのは、真の文ではありません。

毎日大事なことを聞いていても、同じようなことを聞いていれば、だんだんと慣れてどうでもよくなってしまいます。何かを習っていても、新鮮さがなくなれば、いつのまにか何も考えず、同じことを繰り返すだけになってしまいます。

自身の心の中で、しっかり文武の大筋を心得ようと意識しなければ、前に述べたように有益な者を文武取り混ぜて活用することは困難になります。

これらのことは、政教一致と文武両立を理解し、任されている教官であれば、つねに胸中で心得ていて、常々相談に乗り、助言をしていくことが可能なはずです。

残念ながら現在の教官は、この眼力に欠けているというしかないでしょう。

これまで述べてきたのは、すべて人材を得るための四つの条件に関わる話であり、基本的な要素は、人材を知り、これを育て、完成させ、活用するという方法に尽きます。

この四つを根本に据え、広大な規模で明確な計画を定めていけば、「明道館」も現在のように混乱した状態が整えられ、念願である大きな目標を達成することも不可能ではなくなるでしょう。

逆に四つの条件が満たされないとしたら、教育を行う際に生じる三つの弊害はまったく除かれず、遠大な志は育まれず、学術も鈍《なま》って、正しく行われないままになってしまうのです。

このことは教官の責任ばかりではありません。教育の責任者である総教の御上に関わる責任も、決して軽くはありません。

ただ教官がその任務に相応しい人物でないということを、総教がその御心力でなんとかしていくということは、現実的には難しいでしょう。

それゆえ、現在は「明道館」の教官がその任務に相応しくなく、広い視野を持っている人物でもないということを、私の側から申し上げた次第です。

●害が生じているなら、いますぐそれは取り除くべき

現在のように大きな改革を進めているときは、当面の施策を維持することはもちろんですが、今後それを永久に継続させるための見込みも立てておかねばなりません。

あらゆる施策は、悠久《ゆうきゅう》にして決して途絶えさせまいとする誠心から発せられたものでないと、業績がいまだ達成されないうちに害や禍《わざわ》いが生じてし

まうこともあるのです。

そうすると一時の紛争によって苦労することを嫌うより、永遠の成功を目指すために必要な手を打つことが、現在は願わしいように感じます。

いまはさまざまな点において藩の教育に弊害《へいがい》が生じていますが、その根源を清くしてしまえば、学生たちの教化を明確に進めていくことはできます。

教化を明確に進めるためには、学校の運営を正しくすることは急務であり、すべて学校の盛衰は教官の質にかかっているのです。やるべきことは明白でしょう。

現在のところは浅はかで無知な教官に、前に述べたような大事業を任せているのですから、あらゆることがうやむやになり、大きな目標の達成には少しも近づいていきません。

そのうえ学校は清らかな議論の場であり、学監の私は校内を視察して糾弾《きゅうだん》する立場にあります。このような不適切な状態を放置し、手をこまねいていては、国家が任命してくださった意に反することになります。

私的にも、小臣ながら忠節に尽くしたいところもあり、現在の藩教育が抱える大きな問題の大略を、あえて申し上げているのでございます。

要するに政教一致という御趣意があるのならば、教官の頂点たる者が、政体が理想としているものを認識していないわけにはいかないのです。

「文武を一体にして、それがバラバラにならないように」と申したならば、文武のそれぞれの大筋に達した教官が心を一致させないと、行動を起こしていくことはできません。

これらのことは最初から熟議していることなのですが、それでも藩主様がご心配されていることは、私も恐れながら推察いたします。

大切なのは、いつまでに弊害を一切残さずに掃除するということを、断固として決断することです。

そうした断固たる決断がなければ、いたずらに日は過ぎ、月は重なっていきます。

やがては心配の種も累積《るいせき》し、安心できない処置ばかりが繰り返され、今日なした行為がことごとく将来における弊害のもととなってしまうのです。

●あえて私が恐れ多い意見を申し上げた理由

私が述べてきた問題は、ただ「明道館」のみでなく、様々な藩の他の部署でも、同じように起こっていることなのだと推察されます。

しかし学校というのは清らかな論議が行われる場であり、人が教化されていく源に当たる場所なのですから、他の場所とは事情が異なります。

つまり、他の場所では寛容な措置《そち》がやむを得ないという場合があっても、旧体制を改革していく象徴の場所であり、人材がつくられる基礎となるべき場所において、他の場所と同じような曖昧な対処をしていたのでは、人々がこれから自らの見識を変えていこうとする心が閉ざされ、愚かな思考に戻ってしまうのです。

思いきって「明道館」における旧害は一掃し、勇敢なる対処をしていくようにお願いいたします。


もっとも対処の仕方には、様々な手段が存在しており、私もいくつかの考えを持っております。

第一に、藩が掲げる理想は広大な規模のものであるのに、俗情を配慮して、実質的な利益を等分したり、打ち消したりという措置が往々にして見られました。それがために身命を投げ打つような士気が奮い立たなかったということも、ずいぶんとあったでしょう。

そのような、政府においてずっと実行されていた処置の仕方を、「明道館」においても続けるのでしょうか？

やはり「俗情に相応しいやり方のほうが、いまの武士には合っている」と考え、関係者たちも納得すると思っているのでしょうか？

どのような処置をとるかうかがいたいと思いますので、現在の教官の実態と懸念される問題の大略を申し立てたのです。

ここまで述べてきた事態は、わざわざ書面で申し上げるまでもなく、直《じか》に口上で述べれば済むのではないかとも考えました。

とくに現在のように、なんでも自由に打ち明けられ、熟議していただけるような環境があると、私のように才能に劣って愚直な人間は、ただ感謝の情に目がくらんでしまい、声もうわずってしまって、いいたいことがいえなくなり、はっきりと問題を指摘しようと覚悟していた気持ちもにぶってしまいます。

そうなってしまっては、多くの人の美辞麗句《びじれいく》を聞くばかりで、かえって真逆の邪《よこしま》な行動を誘発してしまいます。上下公平な心で忠義に基づく正論を語るのも、難しくなってしまうでしょう。

聖者と賢者が互いに戒め合うべきというのが、教育の趣旨と思います。

真剣に考えた結果、国家善政の輝かしい徳の輝きが毀損《きそん》してしまうのではないかと深く恐れるところでありますので、唐突の不敬《ふけい》を顧みず、尊い御威光をもはばからず、こうして冗長《じょうちょう》な自説を申し述べた次第です。

家臣・綱紀《つなのり》（左内の本名）、頭を深く下げ、恐れ謹んで申し上げます。

安政四年閏五月十五日

第四章

「為政大要」

「為政大要」とは……

これから紹介するのは、一八五七（安政四）年の五月か六月ころに書かれたとされる、「『為政大要』の意見草稿」と呼ばれる文章。藩に提出する予定で書かれた意見書ですが、未完成の段階であり、雑記帳に残されていた記述です。

当時、左内は二十四歳の若さ。それでも民の上に立つリーダーがどうあるべきかについて、一人の武士として堂々とした正論を述べています。

左内の意見は過激に思えるかもしれませんが、黒船来航以後、もはや日本のリーダーには優柔不断な、なあなあ体質が許されない状況にありました。そんな中で、反乱分子とされるリスクを顧みず、彼は覚悟をもって意見を主張しようとしたのです。

●リーダーは広き視野をもって全体を見るべし

いまの時代、組織を任されたリーダーは、まず広い視野をもって世の中の全体を見渡し、そのうえで戦略を練らねばなりません。

広い視野をもって物事を見なければ、部下の役人たちは、それぞれが持っている才能を生かすことはできません。

正しい戦略を立てることができなければ、年々と部下たちの規律は乱れ、混乱し、正しく執政をすることもできなくなってしまうでしょう。

正しい執政《しっせい》ができなければ、その国は民衆の怒りをかい、人々からの信頼も失われます。これはまさしく国家の一大事です。

一国のリーダーとして成功できるかどうかは、すべてここで決まるといってもいいくらいでしょう。

しかし民衆の感情ばかりを気にして、人気取りのような姑息《こそく》な政策ばかりをしていると、その害は非常に大きくなります。

人々の支持を失わないようにすることと、人々に迎合して危機を招いてしまうこと。この二つの方針のバランスは難しいし、ときどき混同されてしまうのです。


現在、我が藩は主君が英明《えいめい》であり、さまざまな思し召《おぼめ》しをして、文武両道を奨励し、忠孝の精神が行き渡るように努力されています。

しかし藩の中核を担う武士たちは、いまだ大きな忠義を示さず、改革のために誠心誠意を尽くす気風も起こってはいません。

藩校もいまだ、才知に優れ、賢明な人物を輩出《はいしゅつ》してはいません。

そして武の道を鍛える武官にしても、信義と勇気を重んじているようには、決して見えないのです。

一体これは、どうしたことなのでしょうか？

●人の上に立つ者は、「賞」と「罰」の与え方を知っている

どうして忠義の精神が生まれないのか？

どうして真の勇気が、人々に育たないのか？

それは人の上に立つ人間が、真に身をもって国を守ろうとする精神を持っておらず、そうした曖昧な心のままで政令や法度《はっと》を出しているからではないでしょうか。

もし国を治めている当人たちが、忠義に尽くす無二《むに》の精神をもって、すべてのことを執行しているのに、下々の民が従わず、意識を変えることもないとしたら、どうすべきでしょう？

そのとき上の人間は、政令法度に則《のっと》り、刑罰をもって断固対処する覚悟を持たねばなりません。

賞と罰の二つは、民衆を治めるに当たって、絶対に必要な道具なのです。

古代から現在まで、「聖主」や「明帝」といわれてきたリーダーたちは、必ずといっていいほど、この二つの道具の使い方を心得ていました。

だからこそリーダーに仕えた大勢の臣下たちも、善行を実行し、悪行を戒めなければならないことを、よく理解してきたのです。

だからこそ彼らリーダーたちが眠る廟堂《びょうどう》の前には、災いのもとが粛正《しゅくせい》され、平和で豊かな国が築かれていました。

しかし、たとえ小さな役どころの家臣であったとしても、罰を実行するときは、慎重にその当否を審議《しんぎ》、考察しなければなりません。

そうでなければ、国は必ず人心を失い、民衆の怒りを招いてしまうのです。

国において優先されるのは、本来は「罰」ではなく、むしろ「賞」を与えることだと思います。

多く国に貢献した人々に賞を与え、それでもわずかながら法に背《そむ》く人間がいるとき、罰というのは仕方なく用いられる手段なのです。

罰を賞より重んじて先に実行するのでは、正義の道も惨憺《さんたん》たる結果になってしまうことでしょう。

●この投資を出し渋って、どう国を守るというのか

ここ最近、身分の高い人は、なにかと倹約、倹約と、出費を削《けず》ることばかりを唱えています。

確かにこの財政難の時代、倹約を推奨するのは、もっともなことかもしれません。

しかし倹約するといっても、まさか蓄えたお金で、ゆくゆくは国で金貸業をするというわけではないでしょう。

文武の道や、忠義の道を振興《しんこう》するための、予算にしたいと考えているのではありませんか？

頭の悪い私でありますが、主君の意思をそのように解釈しているのです。

そうであるならば、節約をしている最中にあっても、必要な品だけは購入し、製作・建造していかなければなりません。

ただでさえ現在は、諸外国の勢力が、我が国を狙って取り囲んでいるのです。すでに足元をひるがえすような世界の勢いは、私たちの眼前に迫っています。

今年は外国勢力が攻めてこなかった。だから来年も戦闘は始まらないだろう……。

そんな理由で、武器の調達は中途半端、銃や大砲も備わっていない、弾丸や火薬もまったく貯えられていない。

これは実に、緩慢《かんまん》の至りではありませんか？

昔から世の中の変化は、私たちがまったく予測していないときに起こるのです。

今夜、あるいはたったいまにでも、不慮の事態が絶対に起こらないとは、誰にもはっきりいえることではないのです。

そのとき、これまで節約だ節約だと、何度もいってきたことは、すべて無駄になってしまう可能性すらあります。

それでは倹約政策も、まったく役には立ちません。

どうか国の将来を考えたうえでの方針を立ててくださるよう、私は恐れながら申し上げるのです。

第五章

松平春嶽撰
「橋本左内小伝」

「橋本左内小伝」とは……

　これから紹介するのは、橋本左内の上司にあたる人物、福井藩主だった松平春嶽（慶永）が、明治になって左内の肖像画に載せるために寄稿した短い伝記です。

　改革派藩主だった春嶽ですが、理想としたのは幕府を残した形での穏健《おんけん》な近代化。やがては倒幕による新体制を目指す、長州藩や薩摩藩に押されていく形になります。

　後に明治新政府のメンバーにはなるものの、到来したのは古き武士の価値観を否定する時代。明治三年に、彼は一切の政務から退きました。

　そんな身の上で、彼は「理想を掲げた若き武士・橋本左内」をどのように回顧《かいこ》したのでしょうか？

●我が家臣、橋本左内は十六のころから、人と違っていた

我が家臣、橋本左内は、本名を綱紀、字《あざな》を伯綱《はくこう》と称し、藜園《れいえん》という号で呼ばれました。

後には国学者・本居宣長《もとおりのりなが》先生の「敷島のやまと心を人問はば朝日ににほふ山桜花」という和歌から引用し、「桜花晴暉楼《おうかせいきろう》」という作家名も自身で名乗っています。

左内は、天保《てんぽう》五（一八三四）年三月十一日、福井城下の常盤《ときわ》町にて生まれています。

父の名は長綱《ながつな》、呼び名を彦也《げんや》。医術をもって福井藩に仕《つか》えました。

母は越前国坂井郡箕浦《みのうら》にある大行《だいぎょう》寺の住職の娘であり、名を梅尾《うめお》といいま

した。

左内という人物は、非常に賢い人間で、子どものころから学問を好み、藩の儒学者である吉田東篁先生に師事《しじ》して、儒学や歴史を学んでいます。

やがて彼は、成長するに従い、世の中の状況を嘆くようになりました。そしてこの世の中を変えようと、大志を抱くようになったのです。

左内の見識は常人のそれをはるかに超え、しかも性格はあくまで温和。純粋にして謙虚さを失わず、一度も人と争うことなどなかったのではないでしょうか。

嘉永二（一八四九）年、左内が十六歳のときです。彼は発憤して、次のようにいいました。

「こんな片田舎で学んでいたのでは、井の中の蛙《かわず》で終わってしまう。なんとかして都会に遊学し、天下の大学者に師事して、知識を開いてもらいたい！」

そしてこの年の秋、左内はついに大阪に出て、当時の日本でナンバーワンだった蘭《らん》学者、緒方洪庵《おがたこうあん》の「適々齋塾《てきてきさいじゅく》」に入門しました。そして、西洋医学を学ぶことになったのです。

●若くして左内は、我が藩の教育改革を担うことになる

大阪で学んだ左内でしたが、二年後の嘉永四（一八五一）年に父親が病に倒れ、お役を勤めるのが難しくなりました。

彼は福井に帰って父を助けることになり、翌五年の二月に故郷へ帰ってき

ます。

しかし、その年の十月に、父・長綱は死去。

翌十一月に藩は左内の家督《かとく》相続を許し、藩医の列に加えました。

安政元（一八五四）年二月、二十一歳のときになりますが、彼はあらためて江戸に遊学し、蘭学者・杉田成卿《せいけい》先生に入門します。

先生は左内の学力を試すため、彼に一冊の洋書を与え、その翻訳を命じました。

左内は日夜これに取り組み、片時も怠ることなく、読解の研究を進めます。そしてわずかひと月で、この本を読み解くことができたのです。

その早さに杉田先生も驚きましたが、本当に読み解けているのか？

先生が書物の内容について質問をしたところ、左内はそれにスラスラ答え、まったく誤りがありません。

杉田先生は感激し、「私の学問を継ぐことのできる人物は、彼をおいて他にない」と称賛したそうです。

次の年、安政二（一八五五）年七月、藩は左内を一度福井へ戻し、十月には藩医の職から「御書院番《ごしょいんばん》」に任じます。

そして十一月には再び江戸に遊学させ、藩邸に寄宿して学問に励んでもらいました。再び国へ帰ったのは、翌三年の五月になってからです。

ちょうど我が藩では、新しく文武の学校を立ち上げ、学問を盛んにしようとしている時期だったのです。

藩では左内を学校創設の幹事に任命し、藩の教育改革に当たらせました。

当時、福井藩の学風は、山崎闇斎《あんさい》氏を学祖とする「崎門学《きもん》」が多勢を占めていたのです。

しかしこの学派は、歴史はあるものの考え方が保守的で、目まぐるしく変化する当時の情勢からは、かけ離れたところがありました。

左内は、これを憂慮《ゆうりょ》していたのです。

そこで藩校の教官や、教育の関係者とよく相談し、彼らをしだいに説得し、古くからの弊害を取り除いていきました。

福井藩が逸早《いちはや》く、近代的な教育改革への舵《かじ》を切れたのには、橋本左内の功績が非常に大きかったといえるでしょう。

●日本のため、一橋慶喜の擁立を計った私と左内

安政四（一八五七）年七月、佐内が二十四歳になったときですが、藩は彼を江戸に召して「侍読《じとう》」という、主君に学問を教授する役に任命します。同時に「内用掛《ないようがかり》」という側近《そっきん》の職も兼務させ、重要な会議にも参加させるようにしました。

アメリカの使節、ペリーが来航して開国を要求してからというもの、当時の日本は海外の脅威《きょうい》を知り、まさしく騒然とした状態にあったのです。ところが、時の将軍・家定公は、病弱で将軍職の重責に耐える力がありません。

彼に世嗣《よつぎ》がなかったこともあり、各藩の大名は協議して、英才の誉《ほま》れが高く、天下の評判も集めていた一橋慶喜公を立て、将軍の後継者にしようと画策《かくさく》していました。

それと同時に、米国との通商条約や、金川（横浜）開港などの外交問題は、有力藩主を集めた協議によって決めるべきであり、幕府が独断によって決定すべきではないとするのが、我が藩の立場だったのです。

こうした時流の中、左内は、薩摩や土佐といった諸藩で注目を集めていた賢人や豪傑に会い、また幕府の有力者だった土岐頼旨《ときよりむね》や永井玄蕃《げんばん》、岩瀬忠震《ただなり》といった人々と交流を結びました。

そして我が藩が主張する意見を彼らに説き、賛成を求めたのです。

水戸の徳川斉昭《なりあき》公や、土佐の山内容堂《ようどう》公も、一橋慶喜公を推す立場でした。

もちろん私もその立場を断固、主張します。

しかし時の大老、井伊直弼《なおすけ》だけは、私たちの意見を排除し、紀伊の徳川慶福《よしとみ》公を後継者にしようと欲していたのです。

安政五（一八五八）年正月、左内は京に入り、すぐに太閤《たいこう》・鷹司政通《たかつかさまさみち》と左大臣・近衛忠熙《このえただひろ》のお二人の下へ参上しました。

彼は公卿《くぎょう》の有志たちと議論を交わし、外国との条約締結《ていけつ》と貿易の自由化という二つの問題は、朝廷の命を得ないと裁決できないようにしようと画策したのです。

しかしこの年の七月、将軍・家定公が亡き人となり、紀伊の慶福公が将軍職を継ぐことになりました（十四代・徳川家茂《いえもち》）。

慶喜を立てようとしてきた尾張、水戸、土佐の三侯、および福井の私は、皆、将軍に反対した者として厳しい処分を受けます。それぞれが各邸にて蟄居《ちっきょ》を申し付けられます。

そして十月二日（ママ、正確には二十二日か？）の夜、幕吏《ばくり》数名が左内の屋敷を捜索しにやってきたのです。

●獄中で左内が残した二篇の歌

左内の宅に押し入った幕府の役人たちは、さまざまな文書や書簡を押収して去っていきます。

そして翌日に左内は江戸町奉行の石谷因幡守《いなばのかみ》に召喚され、藩邸での禁錮《きんこ》を命じられました。

その後、詰問《きつもん》を受けること数回。

翌安政六（一八五九）年の十月二日、彼は入獄を命ぜられ、同月七日、斬首を命じられたのです。このとき、わずか二十六歳でした。

彼の遺骸は郷里の福井に戻し、某所に手厚く葬《ほうむ》っています。

左内は獄中にあって、次のような詩を残しました。

「苦しみは洗いがたく、この恨みを止めることはできない。
下を向けば悲しみがこみ上げてくるし、
上を仰げばつい、ため息が漏《も》れてしまう。
昨夜の江戸は、今年初めて、霜が降りる寒さだった。
しかし誰が知るだろう。
松や柏は、霜の下にまだ青々とした若き心を抱えていることを」

別の一首ではこううたっています。

「二十六年は、まるで夢のように過ぎていった。
昔のことを思い出すと、さまざまな感情がよみがえってくる。
古代中国の天祥は、捕らえられても決して心が折れなかった。
だから彼に倣《なら》い、土牢《どろう》の中で吟《ぎん》じていよう『正気《せいき》の歌』を」

左内は、もはや死罪を免れないことを悟っており、その覚悟をこの歌に込めたのでしょう。

●ときは明治、左内のことを思い出す

橋本左内には兄弟が九人おり、姉の烈子は鯖江《さばえ》藩士だった木内氏に嫁いで

います。

二人の弟、綱維《つなこれ》と綱常《つなつね》は、ともに医者となり、橋本の家名を高めました。

その他の兄弟は、みな幼くして亡くなっています。

左内の著書に『藜園遺草《れいえんいそう》』という詩集があります。

その詩は雄大であり、豪快ですが、どこか日本の将来を憂う気持ちも伝わってきます。読む者はその気概とともに、彼の抱いていた寂しさも受け取れるはずです。

このごろ左内の弟の綱維が、佐々木長淳《ちょうじゅん》に頼んで、彼の肖像画を描いてもらいました。

それを私のところに持ってきて、そこに付ける小伝を執筆してほしいというのです。

あらためて肖像画を見ると、その面影は驚くほど真にせまってきます。

「ああ、左内はずっと、この国の未来を救おうと、深く思い煩い、様々な謀《はか》り事に奔走《ほんそう》していたんだなあ」

そんなふうに当時を思い出します。

残念ながら時勢《じせい》は彼を認めず、報われない結果になってしまいました。つくづくそれは残念なことです。

今、この肖像画と対面すると、私の目からは涙がこぼれ落ちてきます。

なんとか私が記憶していることを記し、彼の小伝をしたため、綱維に与えました。

明治八年五月二十一日　　　　正二位源慶永撰並書

解説

……この大きな夢を語る
少年武士に、
私たちは何を学ぶべきか？

●吉田松陰も西郷隆盛も、その若者に憧れた！

かつて日本には、その使命として担った仕事を、命を賭《か》けてまで真摯《しんし》に遂《すい》行《こう》しようとする人々がいました。

彼らは民衆の正義の見本となり、世の中をよりよいものにする義務を背負った人間として、私心を捨て、忠実にその役割に徹しようとしました。

それが「武士」であり、腰に提げた刀は、使命を担った者である名誉と責任の象徴だったわけです。

もちろん、それはあくまでも理想論。とくに江戸になり、平和な時代が二百五十年も続いていくと、「武士道」の意味も形骸《けいがい》化していきます。

しかしそんな時代にあっても、まっすぐに武士としての役割に向き合い、世の中の歪《ゆが》みを正すべく大きな志を掲げた少年がいた。

橋本左内……。

彼の『啓発録』を読み、皆さんは何を感じたでしょう?

かつて自分が持っていたはずの燃えるような情熱を思い出した方もいれば、いままでの自分を反省し、「何か新しいことを始めたい」と思った方もいるかもしれません。

現在、日本から「武士道」という文化は失われていますが、左内の生きた時代ですら、武士としての誇りや信念が薄れつつあったことは、当時の武士教育を牽引《けんいん》していたはずの「明道館」の指導者たちを批判した「学制に関する意見文書」を読んでもわかります。

そんななか、曇り一つない純粋さで「これからの武士が何を目指すべきか」という大きな夢を、目を輝かせて語る青年が現れたのです。

世の中に、自分自身に、疑問を感じていた当時の武士たちは、いかに彼にその心を動かされたでしょう？

一八五九年、左内が「安政の大獄」によって処刑されたとき、同じく捕えられていた吉田松陰は知らせを聞いて嘆きました。

「今さらながら左内と一度も会えなかったことが悔やまれてならない」

二十二年後、明治になって西郷隆盛が西南戦争に敗れ、自害したとき、そのカバンの中に入っていたのは、肌身離さずに持っていた左内からの手紙でした。

そんなふうに大人物たちを動かしたのが、橋本左内の言葉だったのです。

本書によって心を動かされたなら、ぜひ皆さんも本書をかたわらに置き、自分がこれからやるべきことを考えてみてください。

時代など関係ない。多くの日本人が大きな志を持つことこそ、若くして散った彼が心から望んでいたことではないかと思います。

●古典を読まなくなった日本人が忘れているもの

彼が影響を与えた幕末の賢者や志士たちと比較し、現在の日本で、橋本左内の名前は忘れられています。

じつは戦前、左内の『啓発録』は国家への忠義心を育むためのテキストとして、意図的に教育現場で使われた経緯がありました。戦後になり、日本は軍国主義を思い出させるものとして、彼の功績を歴史上から薄めてしまったのです。

しかし『啓発録』「学制に関する意見文書」「為政大要」を読めば、彼は〝武士が培ってきた精神〟を自分を律する道徳理念として確立し、そのうえで古い常識を変革し、公平な態度をもって世の中に貢献できる人間の育成を目指していたのだとわかります。

実際、まさに彼自身が権力者にまでもの申すような、現代的な若きサムライだったのです。その姿は「出る杭」そのものであり、上の命令に絶対服従するロボットではありませんでした。

本来の「武士道」は、そのような気骨《きこつ》ある人間を目指していたのです。

『啓発録』で左内本人が述べているように、彼は決して強靭《きょうじん》な肉体を持った、豪傑タイプの青年ではありませんでした。同門であった彼の友人が「叙」で述べているように、弱々しく、おとなしく、少年のころは泣き虫ですらあったのです。

しかし、そんな左内少年が武士としての生き方に目覚め、大きな夢を掲げたのは、多くの武士たちがその生き方を記してきた古典にずっと触れていたからでしょう。

彼の精神基盤ともなった武士道は、およそ五十年の後、新渡戸稲造によって世界に紹介され、各国で絶賛されるものになりました。

それが有名な『武士道（Bushido：The Soul of Japan）』。

橋本左内が述べている「敬神尚武の風は、今日にいたってもまだ微かながらも存在し、決してその形を変えていません。これこそが世界各国に卓越している、我が国の特徴だと思うのです」という言葉は、グローバルな視点に立っても、まさに事実だったわけです。

しかし明治の日本は武士を否定し、また戦後の日本は、日本人の精神性にある戦士的な要素の一切を排除してきました。

結果、『啓発録』のみならず、橋本左内を育てたような書物をはじめ、世界に誇れる日本の古典は、多く現代日本人が読まないものとなっているのです。

そんな現代の日本で、私たちは想像できるでしょうか？

左内のように十代にして、多くの大人を動かすような夢を語れる人物が現れることを……。

そうした意味でも、私はこの橋本左内の『啓発録』には、現代人が忘れているもの、また取り戻すべきものが多く含まれていると考えます。

皆さまの心には何が残ったでしょうか？

末尾になりますが、この素晴らしい一冊を現代に紹介し、甦えらせる機会をつくってくださった致知出版社の藤尾秀昭社長に小森俊司さん、またアップルシード・エージェンシーの鬼塚忠社長と栂井理恵さんに、この場を借りて御礼申し上げます。

夏川賀央

平成二十八年六月

〔参考文献〕

『幕末の先覚者　橋本左内』（大津寄章三著、明成社）

『橋本左内』（山口宗之著、吉川弘文館）

『啓発録』（伴五十嗣郎全訳注、講談社学術文庫）

〈訳者略歴〉
夏川賀央（なつかわ・がお）
昭和43年、東京都に生まれる。早稲田大学第一文学部卒。大手出版社など数社を経て独立。会社経営のかたわら、ビジネス書を中心に幅広い分野で執筆活動を行う。著書に『すごい会社のすごい考え方』（講談社）、『君はこの言葉を知っているか？』（主婦の友社）など多数。「いつか読んでみたかった日本の名著シリーズ」の訳書に『武士道』『茶の本』『風姿花伝』『努力論』（いずれも致知出版社）、他の訳書に『今度こそ読み通せる名著 マキャベリの「君主論」』『超約版 貞観政要』『超約版 戦争論』（ウェッジ）などがある。

啓発録

平成二十八年六月二十五日第一刷発行
令和五年四月二十五日第二刷発行
著者 橋本左内
訳者 夏川賀央
発行者 藤尾秀昭
発行所 致知出版社
〒150-0001東京都渋谷区神宮前四の二十四の九
TEL（〇三）三七九六—二一一一
印刷 ㈱ディグ 製本 難波製本
落丁・乱丁はお取替え致します。（検印廃止）

ISBN978-4-8009-1114-8 C0095
ホームページ https://www.chichi.co.jp
Eメール books@chichi.co.jp